本书为教育部人文社会科学研究项目（青年基金项目）"品牌关系质量评价与管理研究"（10YJC630078）的研究成果

江苏师范大学哲学社会科学文库

品牌关系质量评价与管理研究

侯立松　著

中国社会科学出版社

图书在版编目（CIP）数据

品牌关系质量评价与管理研究/侯立松著．—北京：中国社会
科学出版社，2016.12

（江苏师范大学哲学社会科学文库）

ISBN 978 - 7 - 5161 - 9636 - 6

Ⅰ.①品…　Ⅱ.①侯…　Ⅲ.①品牌—企业管理—质量管理—
研究—中国　Ⅳ.①F279.23

中国版本图书馆 CIP 数据核字(2016)第 325825 号

出　版　人	赵剑英	
责任编辑	卢小生	
责任校对	周晓东	
责任印制	王　超	

出　　　版	中国社会科学出版社	
社　　　址	北京鼓楼西大街甲 158 号	
邮　　　编	100720	
网　　　址	http：//www.csspw.cn	
发　行　部	010 - 84083685	
门　市　部	010 - 84029450	
经　　　销	新华书店及其他书店	

印刷装订	北京明恒达印务有限公司	
版　　　次	2016 年 12 月第 1 版	
印　　　次	2016 年 12 月第 1 次印刷	

开　　　本	710×1000　1/16	
印　　　张	13.75	
插　　　页	2	
字　　　数	233 千字	
定　　　价	55.00 元	

凡购买中国社会科学出版社图书，如有质量问题请与本社营销中心联系调换
电话：010 - 84083683

在创新语境中努力引领先锋学术
（总序）

任　平[*]

　　2013 年江苏师范大学文库即将问世，校社科处的同志建议以原序为基础略作修改，我欣然同意。文库虽三年，但她作为江苏师大学术的创新之声，已名播于世。任何真正的创新学术都是时代精神的精华、文明的活的灵魂。大学是传承文明、创新思想、引领社会的文化先锋，江苏师大更肩负着培育大批"学高身正"的师德精英的重责，因此，植根于逾两千年悠久历史的两汉文化沃土，在全球化思想撞击、文明对话的语境中，与科学发展的创新时代同行，我们的人文学科应当是高端的，我们的学者应当是优秀的，我们的学术视阈应当是先锋的，我们的研究成果应当是创新的。作为这一切综合结果的文化表达，本书库每年择精品力作数种而成集出版，更应当具有独特的学术风格和高雅的学术品位，有用理论穿透时代、思想表达人生的大境界和大情怀。

　　我真诚地希望本文库能够成为江苏师大底蕴深厚、学养深沉的人文传统的学术象征。江苏师大是苏北大地上第一所本科大学，文理兼容，犹文见长。学校 1956 年创始于江苏无锡，1958 年迁址徐州，1959 年招收本科生，为苏北大地最高学府。60 年代初，全国高校布局调整，敬爱的周恩来总理指示："徐州地区地域辽阔，要有大学。"学校不仅因此得以保留，而且以此为强大的精神动力得到迅速发展。在 50 多年办学历史上，学校人才辈出，群星灿烂，先后涌现出著名的汉语言学家廖序东教授，著名诗

＊　任平，江苏师范大学校长。

人、中国现代文学研究专家吴奔星教授，戏剧家、中国古代文学史家王进珊教授，中国古代文学研究专家吴汝煜教授，教育家刘百川教授，心理学家张焕庭教授，历史学家臧云浦教授等一批国内外知名人文学者。50 多年来，全校师生秉承先辈们创立的"崇德厚学、励志敏行"的校训，发扬"厚重笃实，艰苦创业"的校园精神，经过不懈努力，江苏师大成为省重点建设的高水平大学。2012 年，经过教育部批准，学校更名并开启了江苏师范大学的新征程。作为全国首批硕士学位授予单位、全国首批有资格接收外国留学生的高校，目前有 87 个本科专业，覆盖十大学科门类。有 26 个一级学科硕士点和 150 多个二级学科硕士点，并具有教育、体育、对外汉语、翻译等 5 个专业学位授予权和以同等学力申请硕士学位授予权，以优异建设水平通过江苏省博士学位立项建设单位验收。学校拥有一期 4 个省优势学科和 9 个重点学科。语言研究所、淮海发展研究院、汉文化研究院等成为省人文社会科学重点研究基地；以文化创意为特色的省级大学科技园通过省级验收并积极申报国家大学科技园；包括国家社科基金重大、重点项目在内的一批国家级项目数量大幅度增长，获得教育部和江苏省哲学社会科学优秀成果一等奖多项。拥有院士、长江学者、千人计划、杰出青年基金获得者等一批高端人才。现有在校研究生近 3000 人，普通全日制本科生 26000 余人。学校与美国、英国、日本、韩国、澳大利亚、俄罗斯、白俄罗斯、乌兹别克斯坦等国的 20 余所高校建立了校际友好合作关系，以举办国际课程实验班和互认学分等方式开展中外合作办学，接收 17 个国家和地区的留学生来校学习。学校在美国、澳大利亚建立了两个孔子学院。半个世纪以来，学校已向社会输送了十万余名毕业生，一大批做出突出成就的江苏师范大学校友活跃在政治、经济、文化、科技、教育等各个领域。今日江苏师大呈现人文学科、社会学科交相辉映，基础研究、文化产业双向繁荣的良好格局。扎根于这一文化沃土，本着推出理论精品、塑造学术品牌的精神，文库将在多层次、多向度上集中表现和反映学校的人文精神与学术成就，展示师大学者风采。本书库的宗旨之一：既是我校学者研究成果自然表达的平台，更是读者理解我校学科和学术状况的一个重要窗口。

努力与时代同行、穿透时代问题、表征时代情感、成为时代精神的精华，是本文库选编的基本努力方向。大学不仅需要文化传承，更需要创新学术，用心灵感悟现实，用思想击中时代。任何思想都应当成为时代的思想，任何学术都应当寻找自己时代的出场语境。我们的时代是全球资本、科技、经济和文化激烈竞争的时代，是我国大力实施科学发展、创新发展、走向中国新现代化的时代，更是中华民族走向伟大复兴、推动更加公正、生态和安全的全球秩序建立和完善的时代。从以工业资本为主导走向以知识资本为主导，新旧全球化时代历史图景的大转换需要我们去深度描述和理论反思；在全球化背景下，中国遭遇时空倒错，前现代、现代和后现代共时出场，因而中国现代性命运既不同于欧美和本土"五四"时期的经典现代性，也不同于后现代，甚至不同于吉登斯、贝克和哈贝马斯所说的西方（反思）的新现代性，而是中国新现代性。在这一阶段，中国模式的新阶段新特征就不同于"华盛顿共识"、"欧洲共识"甚至"圣地亚哥共识"，而是以科学发展、创新发展、生态发展、和谐发展、和平发展为主要特征的新发展道路。深度阐释这一道路、这一模式的世界意义，需要整个世界学界共同努力，当然，需要本土大学的学者的加倍努力。中国正站在历史的大转折点上，向前追溯，五千年中国史、百余年近现代史、六十余年共和国史和三十余年改革开放史的无数经验教训需要再总结、再反思；深析社会，多元利益、差异社会、种种矛盾需要我们去科学把握；未来展望，有众多前景和蓝图需要我们有选择地绘就。历史、当代、未来将多维地展开我们的研究思绪、批判地反思各种问题，建设性地提出若干创新理论和方案，文库无疑应当成为当代人的文化智库、未来人的精神家园。

我也希望：文库在全球文明对话、思想撞击的开放语境中努力成为创新学术的平台。开放的中国不仅让物象的世界走进中国、物象的中国走向世界，而且也以"海纳百川，有容乃大"的宽阔胸襟让文化的世界走进中国，让中国精神走向世界。今天，在新全球化时代，在新科技革命和知识经济强力推动下，全球核心竞争领域已经逐步从物质生产力的角逐渐次转向文化力的比拼。民族的文化精神与核心价值从竞争的边缘走向中心。发现、培育和完善一个民族、一个国家、一个地区的优秀的思想观念、文化精神和价值体系，成为各个民族、国家和地区自立、自强、自为于世界民族之林的重要路径和精神保障。文化力是一种软实力，更是一种持久影响世界的力量或权力（power）。本文库弘扬的中国汉代精神与文化，就是培育、弘扬这种有深厚民族文化底蕴、对世界有巨大穿透力和影响力的本土文化。

新全球化具有"全球结构的本土化"（glaocalization）效应。就全球来看，发展模式、道路始终与一种精神文化内在关联。昨天的发展模式必然在今天展现出它的文化价值维度，而今天的文化价值体系必然成为明天的发展模式。因此，发展模式的博弈和比拼，说到底就必然包含着价值取向的对话和思想的撞击。20世纪90年代以来，世界上出现了三种发展模式，分别发生在拉美国家、俄罗斯与中国，具体的道路均不相同，结果也大不一样。以新自由主义为理论基础的"华盛顿共识"是新自由主义价值观支撑下的发展模式，它给拉美和俄罗斯的改革带来了严重后果，替代性发展价值观层出不穷。2008年爆发的全球金融危机更证明了这一模式的破产。1998年4月，在智利首都圣地亚哥举行的美洲国家首脑会议，明确提出了以"圣地亚哥共识"替代"华盛顿共识"的主张。但是，"拉美社会主义"至今依然还没有把南美洲从"拉美陷阱"中完全拔出。从欧洲社会民主主义价值理论出发的"欧洲价值观"，在强调经济增长的同时，倡导人权、环保、社会保障和公平分配；但是，这一价值并没有成为抵御全球金融危机的有效防火墙。改革开放以来，中国是世界上经济增长最快的国家。因此，约瑟夫·斯蒂格利茨指出，中国经济发展形成"中国模式"，堪称很好的经济学教材。① 美国高盛公司高级顾问、清华大学兼职教授乔舒亚·库珀·拉莫（Joshua Cooper Ramo）在2004年5月发表的论文中，把中国改革开放的经验概括为"北京共识"。通过这种发展模式，人们看到了中国崛起的力量源泉。② 不管后金融危机时代作为"G2"之一的中国如何，人们不可否认"中国经验"实质上就是中国作为一个发展中国家在新全球化背景下实现现代化的一种战略选择，它必然包含着中华民族自主的社会主义核心价值——和合发展的共同体主义。而它的文化脉络和源泉，就是"中国精神"这一理想境界和精神价值，与努力创造自己风范的汉文化精神有着不解之缘。文库陆续推出的相关著作，将在认真挖掘中华民族文化精神、与世界各种文化对话中努力秉持一种影响全球的文化力，为中国文化走向世界增添一个窗口。

文库也是扶持青年学者成长的阶梯。出版专著是一个青年人文学者学术思想出场的主要方式之一，也是他学问人生的主要符码。学者与著作，

---

① 《香港商报》2003年9月18日。

② 《参考消息》2004年6月10日。

不仅是作者与作品、思想与文本的关系，而且是有机互动、相互造就的关系。学者不是天生的，都有一个学术思想成长的过程。而在成长过程中，都得到过来自许许多多资助出版作品机构的支持、鼓励、帮助甚至提携和推崇，"一举成名天下知"。大学培育自己的青年理论团队，打造学术创新平台，需要有这样一种文库。从我的学术人生经历可以体会：每个青年深铭于心、没齿难忘的，肯定是当年那些敢于提携后学、热荐新人，出版作为一个稚嫩学子无名小辈处女作的著作的出版社和文库；慧眼识英才，资助出版奠定青年学者一生学术路向的成名作，以及具有前沿学术眼光、发表能够影响甚至引领学界学术发展的创新之作。我相信，文库应当热情地帮助那些读书种子破土发芽，细心地呵护他们茁壮成长，极力地推崇他们长成参天大树。文库不断发力助威，在他们的学问人生中，成为学术成长的人梯，学人贴心的圣坛，学者心中的精神家园。

　　是为序。

2011 年 2 月 28 日原序
2013 年 11 月 5 日修改

内容简介

　　本书以利益相关者视角下的品牌关系为研究对象，综合运用品牌理论、利益相关者理论、人际关系理论和社会网络理论等多学科理论，探讨如何对企业品牌关系质量进行评价与管理。本书通过专家意见和问卷调查等方法，从 20 种利益相关者中识别出 6 种品牌关系的核心利益相关者，以这 6 种利益相关者作为重点研究对象。通过调查和实证分析，得出了品牌和利益相关者双向利益要求的主要内容和重要性排序。从品牌与利益相关者互动动因、互动响应模式、互动接触点、互动维度和互动类型五个方面分析了品牌与利益相关者的互动机理，用博弈论分析了品牌与利益相关者互动关系，并构建了品牌关系整体互动模型。以层次分析法为主构建了品牌关系质量评价模型，并基于社会网络分析对品牌关系的特征、评价与管理进行了初步研究，同时对人际关系视角和社会网络视角下的品牌关系理论进行了比较。最后，提出利益相关者视角下的品牌关系质量管理策略和方法，并运用研究所得到的品牌关系质量评价和管理理论与方法在案例企业中进行了应用研究。

前　　言

　　以"关系"为视角研究经济和管理问题是学术研究的一个重要发展方向。品牌关系理论以"关系"为视角诠释品牌的本质，认为企业品牌的实质是品牌与其顾客或利益相关者之间的互动关系。最初的品牌关系理论更多地关注品牌与顾客之间的互动关系，随着商业环境的变化和企业经营理念的变革，企业与顾客之外的股东（投资者）、社会公众、媒体、中间商、社区等其他利益相关者之间的相互作用和相互影响越来越大，企业品牌管理的成败越来越取决于利益相关者对品牌的互动、参与和支持程度，由此产生了品牌与利益相关者互动的品牌关系理论。而如何评价品牌关系的健康程度，即品牌关系质量（Brand Relationship Quality，BRQ），则是品牌关系管理中的一项核心内容和基础性工作，本书的研究对象和主要内容是基于利益相关者视角的品牌关系质量的评价与管理问题。

　　本书把品牌关系质量研究对象从品牌与顾客之间的关系扩展到品牌与利益相关者之间的关系，探索利益相关者视角下的品牌质量评价理论、方法和模型，拓宽了品牌关系研究的视野，发展了品牌评估和品牌关系评价的思维和方法，扩展了品牌关系管理的内涵，进一步丰富了当前的品牌关系、品牌管理和利益相关者管理等理论。同时，本书的研究有助于人们认识和理解利益相关者对构建企业品牌关系，提高品牌关系质量、品牌价值、品牌竞争力和企业绩效的重要性，有助于企业树立新的品牌管理理念，在品牌管理中重视包括顾客、企业员工、社会公众、媒体、经销商、股东（投资者）等在内的利益相关者的利益要求，有效地管理与其互动过程中的品牌关系。本书发展了一种基于品牌和利益相关者互动的品牌关系质量评价理论、评价指标体系和评价模型，提出了全面品牌关系质量管理（TBRQM）概念和整合模型，以及利益相关者视角下的品牌关系生命周期管理、品牌关系界面管理、品牌关系的社会网络关系管理、整体品牌

体验管理等概念、方法和策略。同时，本书从品牌关系质量管理角度发展
了品牌管理理论和方法，为企业建立品牌、维护品牌和管理品牌提供了一
种操作思路和方法，为企业构建品牌关系网络、经营和改善品牌与利益相
关者关系质量提供了一个管理工具和方法，对企业品牌以及其他组织
（如政府、学校等）的品牌关系质量评价与管理有一定的借鉴意义和参考
价值。

　　在本书出版之际，首先感谢我的博士导师南京财经大学校长宋学锋教
授的悉心指导和帮助！感谢我的同学西南政法大学张燚教授在研究过程中
的支持、交流和帮助！感谢江苏师范大学刘永新、徐纯华、叶楠等同事在
研究过程中的支持和帮助！感谢在调查研究过程中所有提供指导和帮助的
老师、同学、同事、朋友、亲人和学生等"利益相关者"，本书的研究离
不开他们的热心支持和积极的互动。

　　本书的研究得到了教育部人文社会科学基金和江苏师范大学博士学位
教师科研支持项目的资助，在此深表感谢！

　　本书的出版得到了江苏师范大学哲学社会科学优秀学术著作出版基金
的资助，特别表示感谢！

　　本书的撰写参阅、引证了大量国内外学者相关研究成果，在此向他们
致以诚挚的谢意！

　　最后，要特别感谢中国社会科学出版社卢小生编审及其他编辑人员的
指导和帮助，他们为本书的修改、编辑和出版付出了辛勤劳动！

　　由于学识水平有限，书中难免有不少疏漏、谬误和不当之处，敬请专
家、同行和读者批评指正。

作　者

2016 年 10 月

目　录

绪　论

一　研究背景

（一）关系视角的管理理论和实践

马克思说：人"是一切社会关系的总和"。"经济范畴只不过是生产的社会关系的理论表现，即其抽象。"① 在人类社会发展的历史进程中，无时无处不体现着"关系"的存在，而不管人们是否意识到它的存在。

如今，"关系论"已经成为一种社会科学方法论，渗透于社会科学各学科的研究之中。② 在经济和管理理论以及企业管理实践中，从来没有像今天这样关注"关系"，从企业管理中的人际关系，到客户关系、公共关系、员工关系、企业间关系、网络关系、社会关系，等等，以至于有经济学和管理学学者提出了"关系经济"（Relationship Economy）和"关系经济学"（Relationship Economics）的概念，以"关系"为视角考察经济与管理问题的内在机理已经成为近年来理论发展的一个重要方向。

中国人自古以来就注重"关系"活动，"关系文化"是中国传统文化的重要组成部分。中国传统文化中的"仁义礼智信""温良恭俭让"和"中庸之道"等行为规范和伦理规范是千百年来中国人处理人际关系、组织间关系的基本准则。近年来，中国情境下的关系研究成为许多国内外社会学学者和管理学学者的研究热点。在企业管理实务界，跨国公司进驻中国市场之前，研究中国情境下的"关系学"已经成为必修课之一。

"关系"在英文文献中有多种表达方式，如 relation、connection、tie、

---

① 《马克思恩格斯选集》第 1 卷，人民出版社 1995 年版，第 60、141 页。
② 何友晖、彭泗清：《方法论的关系论及其在中西文化中的应用》，《社会学研究》1998 年第 5 期。

relationship、guanxi、networking 等，各种不同的表达方式，在内涵上有一定的差别，本书研究"品牌与利益相关者关系"，即利益相关者视角下的"品牌关系"，其中的"关系"指的是英文中的 relationship，而把 guanxi 和 networking 等其他"关系"词语的一些内涵纳入 relationship 中，作为特殊文化背景下的具体表现形式，或者是关系所处的一种情境因素来加以考虑，在研究时，作为关系的重要内容或者维度加以研究。[①]

如何衡量关系水平是关系管理中的一个重要命题，最初人们用关系强度、关系亲密性等术语进行定性和概念化描述。后来，"关系质量"（Relationship Quality）的概念和测量研究方法由人际关系理论领域借用到组织管理领域，并逐步成为衡量关系水平的重要术语。"关系质量"也日益被看作将替代衡量企业绩效来源的"客户满意度"和"服务质量"，成为企业竞争优势来源的关键因素。

品牌是企业竞争力的重要来源和企业经营管理的一项重要内容。从关系视角研究品牌和管理品牌是"关系经济"背景下的品牌理论和实践的重要发展及突破，而如何评价"品牌关系"的健康程度，即对品牌关系质量（Brand Relationship Quality，BRQ）的评价，则是品牌关系管理中的一项核心内容和基础性工作，本书研究的对象和主要内容就是基于利益相关者视角对品牌关系质量的评价与管理问题。

本书以现代管理学、经济学和社会学为基础，借鉴西方品牌理论、利益相关者理论和关系管理理论，结合中国文化背景下的企业品牌关系管理实践，并以中国快速消费品生产企业的"企业品牌"为例，探索品牌关系质量的内涵、结构维度和管理方法及策略。

（二）交易和顾客视角下的品牌理论和实践面临的困境

自 20 世纪 30 年代初宝洁公司（P&G）尼尔·麦克尔罗伊（Neil McElroy，1931）提出品牌经理制以来，品牌日益成为企业关注的提升企业竞争力的重要源泉，品牌管理也逐渐成为理论和实务界的热点问题。[②]

---

① 一些中外学者习惯于把中国情境下的"关系"译成"guanxi"，或是把"guanxi"理解为"relationship"的"艺术""连接""社交"或"特殊的人际关系"等中文词语的含义，有学者认为，"guanxi"有时也带有权力的含义，或者社会地位和资源传输。尽管有人认为，"拉关系""走后门"和一些灰色现象是关系活动的一种，但这些内容不是本书研究的对象。

② 卢泰宏、周志民：《基于品牌关系的品牌理论：研究模型及展望》，《商业经济与管理》2003 年第 2 期。

然而，长期以来，在企业的经营管理与市场营销实践中，企业往往把品牌看作是自己单方面努力就可以"生产"出来的私有的东西，一种与竞争者产品相区别的标志、一种商标权、一种形象、一种能给自己带来增值的无形资产。在此观念指导下，企业往往单方面地创立和塑造品牌，而忽略顾客在其中的作用和地位，在评估品牌价值时，也往往仅偏重财务角度，而忽视了顾客因素。传统品牌管理的出发点和指导思想在于生产和提供产品，吸引和争取顾客，争取每次交易的价值最大化，此时，品牌与顾客之间的关系实质上是一种短期的交易行为。随着企业的经营环境快速变化，这种传统的品牌管理观念、交易主导的模式和做法已经越来越显得苍白无力，难以适应新的商业竞争环境，严重制约了企业品牌发展战略的制定和实施效果。①

20 世纪 90 年代以后，在"顾客至上"思想的支配下，品牌管理者逐步认识到品牌是一个以顾客为中心的概念，品牌之所以能够存在，是因为它可以为顾客带来价值和利益，离开顾客，品牌将一文不值。品牌的价值体现在品牌与顾客（顾客）的关系之中，在此基础上，企业品牌管理也开始越来越多地把视线从单方面建设品牌，转移到品牌与顾客之间的关系建设上来，注重"品牌关系"（Brand Relationships）的建立和管理。早期的品牌关系理论认为，品牌关系是指品牌（产品）与市场，或品牌（产品）与顾客之间的互动关系，这种观点曾经辉煌一时，在其理论指导下，曾为许多企业带来了大量营业收入和利润。然而，随着企业经营环境的变化，企业的社会责任被提到了前所未有的重要位置，企业利益相关者对企业的影响力越来越大，企业的品牌关系面临一个新的环境，基于顾客视角的品牌关系在实践和理论中都受到了挑战。

近年来，在企业品牌管理实践中，由于忽视利益相关者的利益要求而导致品牌受损的案例层出不穷。2008 年，四川汶川地震之后，某著名企业捐款"十元门"事件中，由于企业董事会主席不恰当的言论，表现出对企业社会责任的漠视，激起公众的不满，企业品牌一夜之间缩水 12 亿元（丁海森，2008）；而几乎与此同时，重视社会责任和利益相关者的品牌"王老吉"则相反，由于捐款 1 亿元，成为当时国内单笔最高捐款企业，受到公众的赞扬，顿时成为人们关注的焦点，大量"公众"利益相

---

① 马永生：《品牌关系管理——营销理论的新发展》，《财经研究》2001 年第 12 期。

关者转变为"顾客","王老吉"品牌几乎一夜之间就红遍大江南北，市场销售一改平日冷冷清清的局面，变得门庭若市，其产品在全国各地销售屡屡告罄（伍静妍，2008）。著名的三鹿奶粉"三聚氰胺"事件，起源于企业漠视供应商的利益，依靠采购垄断，压缩供应商的利润空间，没有实现企业与供应商等利益相关者之间"共赢"，最终使企业自身、供应商、顾客、社区，乃至当地政府等多种利益相关者"多败俱伤"，"三鹿"品牌在短时间内从行业领导者跌出公众的视野。历时半个世纪，历经几代三鹿人创建、积累和打造的一个优秀的民族品牌就这样倒下了，不免让人感慨品牌"生命"的脆弱。面对新的经营环境下的品牌经营困境，人们值得重新思考，这种只注重顾客需求的品牌管理和品牌关系管理是否有其局限性？品牌的价值究竟来源于何处？品牌关系管理到底要处理好哪些关系？什么样的品牌才能成为不怕"风吹雨打"的"常青树"？

（三）将利益相关者纳入品牌关系管理的必然性

只从顾客视角认知品牌已经产生了"一个学术视角的不完整品牌分析和一个公司视角的不完整品牌管理"。[①] 交易导向和顾客视角下的品牌理论和实践面临的困境告诉我们，以关系导向和利益相关者视角主导的品牌关系管理，将显示出强大的生命，将利益相关者纳入品牌关系之中有其必然性。

在企业管理实践中，企业与顾客以及其他利益相关者之间的相互作用和相互影响越来越大，企业品牌管理的成败越来越取决于利益相关者对品牌的互动参与和积极回应程度。理论上说，对品牌关系的认识也从"存在于顾客心中"，发展为"存在于不同利益相关者的头脑里和心目中"。[②]

品牌化的范围不断延伸，品牌最初是一种用来区分有形产品的名称或标志，之后被延伸到银行、保险和娱乐等服务行业，出现了"服务品牌"，后来企业被品牌化而出现了"企业品牌"概念，此后又进一步扩展为一般意义上的"组织品牌"，本书探讨的即是组织品牌的品牌关系管理问题（本书认为，对于企业来说，其组织品牌就是企业品牌）。组织品牌代表组织内外部利益相关者对它的总体印象（Davidson，2004），从这个

---

① Webster, F., "Understanding the Relationships among Brand Consumers and Resellers", *Journal of the Academy of Marketing Science*, MEMO, No. 1, 2000, pp. 17 – 23.

② Tom Duncan and Sandra Moriarty, *Driving Brand Value: Using Integrated Marketing to Manage Profitable Stakeholder Relationships*, New York: McGraw – Hill, 1997, p. 9.

意义上说，即使公司"拥有"品牌名称和商标，但其利益相关者却拥有品牌（Duncan，1997）。品牌已经是一个为组织内外部利益相关者而存在的概念，它存在于利益相关者的心目中，利益相关者对品牌的态度集中起来，形成的影响力和支持力的大小足以决定企业成本和收益的大小，利益相关者对企业品牌的印象与看法影响着他们的支持度，进而决定着品牌的关系的强度和质量。只有当企业内外部不同利益相关者都能从企业品牌中获得满意并对品牌表现出信任和支持时，品牌才真正具有了美誉度和忠诚度的基础。因此，利益相关者视角下的品牌关系认为，企业品牌管理的本质是对品牌和利益相关者的关系进行管理。

长期以来，利益相关者理论主要被用于企业战略管理、企业社会责任和公司治理等领域的研究。从品牌管理角度来看，企业对利益相关者社会责任的履行情况和企业品牌声誉是密切相关的，品牌是能够为利益相关者带来价值，自己也能从中获得价值的一种"承诺"（Davidson，2004）。品牌是企业对顾客、经销商、股东等直接利益相关者的利益承诺，品牌还必须体现政府管理部门、社会团体、媒体和社会舆论等机构（或力量）的监督及利益要求，还应该是对企业员工个人事业发展愿景的承诺，品牌还应当遵循商业伦理和承担一定的社会责任。有研究表明：企业的社会表现、财务绩效和社会声誉之间存在密切的正相关关系［卡罗尔等（Carroll et al.，2003，2011；沈洪涛，2005；周丽萍等，2016）］，品牌社会责任和道德行为对顾客购买行为产生积极的影响，品牌的社会责任行为能够促进顾客品牌忠诚的形成（Reich，2002）。品牌之所以有价值，就是因为它能给利益相关者带来利益和价值，企业应该超越"顾客关系管理"，树立"全面关系管理"理念，实施"全方位营销"（Holistic Marketing）（Kotler et al.，2002，2011）。这些研究结论，进一步证实了企业重视利益相关者的社会责任行为能够促进品牌关系的形成和质量提高，进而提升了品牌声誉和品牌资产。

福利（Foley，2005）曾提出一个利益相关者支持下的"平衡品牌"（Balanced Brand）的概念。他认为，一个强势品牌是一个平衡品牌的核心要素，但它也仅仅是塑造平衡品牌的开始。许多企业高层管理人员混淆了强势品牌和利益相关者支持的平衡品牌，认为一个强势品牌必然会（在利益相关者中间）有同样强大的品牌声誉和支持。因为他们的产品或服务的销售业绩良好，他们相信，他们的客户必然会热爱和尊重他们，毕竟，有营业收入数字来证明自己的感觉。然而，这种思维和傲慢自大相结合，将会导致灾难发生，如安达信（Arthur Andersen）、世界通信公司（WorldCom）和安然公司（Enron）等著名的案例。[①] 利益相关者对品牌的影响非常普遍，即使一些著名的品牌也受到过困扰，耐克公司曾因为在东南亚地区的"血汗工厂"风波，伤害了声誉和品牌形象，并影响了其在美国的销售（陈姗姗，2005）。

重视利益相关者能为企业带来利益在企业管理实践中也得到了验证。科特和赫斯克特（Kotter and Hesket，1992）在研究企业文化对企业长期经营业绩的作用时发现，那些重视所有关键管理要素［包括顾客、股东（投资者）、企业员工和管理者等利益相关者］的企业，其经营业绩远远胜于那些没有这些企业文化特征的企业。在为期11年的研究期内，前者总收入平均增长682%，后者则仅为166%；企业员工数量增长，前者为282%，后者仅为36%；企业股票价格增长，前者为901%，后者仅为74%；企业净收入增长，前者为756%，后者仅为1%。[②]

近年来，一些学者研究发现，企业要通过实施关系营销，为利益相关者创造价值，而不仅仅是为顾客创造价值，品牌关系不仅仅是品牌与顾客之间的关系，品牌也存在于利益相关者（利益相关者是受组织决策和行动影响，一般是相互影响的任何相关群体或个人，一般包括企业员工、股东（投资者）、供应商、分销商、最终顾客、竞争者、金融机构、媒体、政府、社会公众等）之间相互作用的关系中，不管企业品牌是否与这些关系发生直接互动，但这种互动对品牌关系质量和品牌价值的影响都非常深刻。[③]

把利益相关者纳入营销和品牌研究已经引起了一些全球著名营销学者的关注。在由菲利普·科特勒和凯文·凯勒（Philip Kotler and Kevin Keller）所著的营销学教科书《营销管理》第12版及以后的版本中，通篇贯穿着"关系"和"利益相关者"视角的"全方位营销"思想。据统计，

---

① John Foley, Julie Kendrick and Julie Kendrick, *Balanced Brand*: *How to Balance the Stakeholder Forces That Can Make or Break Your Business*, San Francisco: Jossey – Bass, 2006, p. 3.

② ［美］约翰·P. 科特、詹姆斯·L. 赫斯克特：《企业文化与经营业绩》，李晓涛译，中国人民大学出版社2004年版，第11页。

③ Tom Duncan and Sandra Moriarty, *Driving Brand Value*: *Using Integrated Marketing to Manage Profitable Stakeholder Relationships*, New York: McGraw – Hill, 1997, p. 9.

"利益相关者"在 2011 年出版的第 14 版中共出现 32 次（含参考文献）。①
而在 2006 年出版的第 12 版中共出现 26 次，1999 年出版的《营销学原
理》（欧洲版）、2000 年出版的《营销管理》（新千年版）中出现的次数
则分别仅为 13 次和 10 次。这本教科书被认为是营销管理思想演进路径的
缩影（费明胜，2006；赵浩兴，2011），从"利益相关者"一词在其中的
出现频率，可以发现其在现代营销管理理论和实践中的地位呈现出越来越
重要的发展趋势。

　　通过以上分析可以发现，在现代营销理论研究中，以"关系"和
"利益相关者"视角研究品牌和管理品牌是一个重要的发展方向。然而，
尽管学术界已经意识到了品牌关系的研究视野不应仅仅局限于品牌和顾客
之间的关系，但是，当前国内外对于利益相关者对品牌关系的影响作用的
研究还很肤浅，大多还仅仅停留在概念认知和理论阐述阶段，缺乏深入的
理论分析和实证研究。虽然近年来国内外对企业利益相关者的研究开始兴
起，但是，大多是从企业战略、公司治理、企业伦理和社会责任等角度进
行研究，或是仅把利益相关者作为企业经营环境要素进行分析，而从品牌
关系角度研究利益相关者与品牌的关系的成果还较为缺乏。

　　在品牌关系理论研究中，一个重要的问题是如何评价品牌关系的水平
和质量，它关系到企业如何更好地认识、改善和提高品牌关系水平，并对
关系质量进行有效管理和控制。毫无疑问，品牌关系质量高的企业，具有
更高的持续发展能力和竞争力。一般认为，品牌关系质量是指品牌与利益
相关者在交往和互动过程中所形成的物质和精神关系，它反映利益相关者
与品牌之间持续联结的强度和发展能力。

　　目前，国内外学者大多将品牌关系质量研究的重点放在企业与顾客的
关系质量问题上（本书称为"狭义的品牌关系质量"），对这种狭义的品
牌关系质量的研究，国内外有了较多的学术探讨。而利益相关者视角下的
品牌关系质量（本书称为"广义的品牌关系质量"）的研究则刚刚起步，
它将是未来品牌关系质量研究的一个重要发展方向。对广义的品牌关系质
量的研究有助于揭示广义关系的形成机理，能完整地认识品牌关系的全
貌，从而企业建立良好的品牌关系提供方向性指导。

---

① Kotler, P. and Keller, K. L., *Marketing Management*, 14th edition, Boston：Pearson Pren-
tice Hall, 2012.

二 研究目的及研究意义

(一) 研究目的

本书以快速消费品生产企业品牌为研究对象，基于品牌与利益相关者互动视角，在对品牌与利益相关者双向利益要求分析基础上，采用关系质量评价方法中的指标法，建立品牌关系质量评价维度、评价指标体系与评价模型，并在此基础上提出品牌质量管理方法和策略，以促进企业认识自身品牌和利益相关者之间的关系，评价自己的品牌关系质量，从而在品牌管理中制定科学合理的品牌管理和发展对策，持续改善品牌关系质量，最终提升企业品牌价值。

(二) 研究意义

基于利益相关者视角的品牌关系理论比顾客视角下的品牌关系理论有很大发展，但目前的研究还很肤浅，有许多理论问题需要进一步研究。当前的相关研究主要集中在一些理论思想探讨、定性分析，缺乏实证研究。品牌关系评价对于企业品牌管理有着重要意义。邓肯等（Duncan et al.，1997）认为，未来的企业计算价值的单位不再是货币和商品，取而代之的将是企业的品牌关系水平。而当前对利益相关者视角下的品牌关系水平或者质量评价的维度、评价指标体系和评价模型的构建，尤其是相关问题的实证研究还非常缺乏，而这些问题的研究，对于品牌关系理论的进一步发展又是一项基础性工作。因此，超越顾客视角，建立利益相关者理论视角下的品牌关系质量评价与管理理论和模型是品牌理论发展急需研究的课题。

1. 研究的理论意义

本书把品牌关系质量研究对象由品牌与顾客之间的关系扩展到品牌与利益相关者之间的关系，研究利益相关者视角下的品牌质量评价和管理理论，采用层次分析法、社会网络分析法等研究方法，探索利益相关者视角下的品牌质量评价理论、方法和模型，拓宽了品牌关系研究视野，发展了品牌评估和品牌关系评价的思维及方法，扩展了品牌关系管理的内涵，推进了品牌关系和品牌管理理论的发展，丰富了当前的品牌关系、品牌管理和利益相关者管理等理论。所建构的品牌关系质量评价维度为本领域未来的学术研究奠定了一定的研究基础。

2. 研究的实践意义

本书通过理论分析和实证研究，有助于人们认识和理解企业的利益相关者对构建企业品牌关系，提高品牌关系质量、品牌价值、品牌竞争力和企业绩效的重要性，警示企业树立全新的品牌管理理念，在品牌管理中必须高度重视顾客、企业员工、社会公众、媒体、经销商、股东（投资者）等利益相关者。本书提供了一种基于品牌和利益相关者互动的品牌关系质量评价理论、评价指标体系和评价模型，同时提出了全面品牌关系质量管理（TBRQM）的概念和整合模型，提出了利益相关者视角下的品牌关系生命周期管理、品牌关系界面管理、品牌关系的社会网络关系管理、整体品牌体验管理等概念、方法和策略。本书从品牌关系质量管理角度发展了品牌管理理论和方法，为企业建立品牌、维护品牌和管理品牌提供了操作思路和方法，为企业构建关系网络、经营和改善利益相关者关系质量提供了管理工具和方法，是对品牌管理方法的创新。本书对企业品牌以外的其他组织品牌（如政府、学校等非营利组织品牌）的品牌关系评价和管理也有借鉴意义。

三　国内外研究现状

（一）国内外关于品牌关系的研究

回顾品牌理论的发展，经历了 20 世纪初的品牌名称与标志理论、60 年代的品牌形象理论、70 年代的品牌定位理论和 80 年代的品牌资产理论、90 年代初期出现了品牌关系理论。目前，创建、维护、强化和管理企业品牌关系已经成为营销和品牌理论的核心问题之一（邓肯等，1997；Ries，1998；张燚等，2005）。

1992 年，美国学者马克斯·布莱克斯顿（Max Blackston）在关系营销理论基础上，参照社会学和社会心理学中的人际关系理论，提出了品牌关系这一概念，认为品牌与顾客之间就像人与人之间一样，通过互动活动可以形成亲密、持久和稳定的关系，从此关系视角的品牌理论成为一个新的研究领域。布莱克斯顿认为，品牌关系是一种"顾客对产品品牌的态度与产品品牌对顾客的态度之间的互动"。[①] 其后学者在品牌关系的参与主体、关系发展阶段、关系类型、关系的建立、关系的断裂和维护、关系的评估等方面展开了研究。

1. 基于品牌关系主体的品牌关系理论演进

研究品牌关系的互动首先要确定品牌关系（互动）的主体。在品牌实践和理论的发展中，关于品牌关系的主体，根据视角不同，主要有以下三种不同的观点，由此形成不同的品牌关系模型：基于品牌与顾客关系的品牌关系模型及在此基础上扩展的品牌社群模型、基于供应链关系的品牌关系模型和基于品牌与利益相关者关系的品牌关系模型。

（1）顾客视角的品牌关系。目前，多数学者在研究品牌内涵、品牌权益、品牌定位和品牌延伸等品牌理论时，都是从顾客视角出发，对品牌关系的认识也不例外。顾客视角的品牌关系认为，品牌是企业产品品牌和顾客之间的互动关系，持此视角的学者和观点主要有：布莱克斯顿（1992，1995，2000）提出的品牌关系概念和模型、佩珀等（Pepper et al.，1993）的客户关系管理理论和福尼尔（Fournier，1994，1998）的顾客与品牌关系框架，这些理论重点描述了品牌和顾客之间的互动关系。穆尼兹（Muniz，2001）和麦克亚历山大（McAlexander，2002）等提出了品牌与社群三角模型和品牌与社群四重关系网络模型，进一步扩展了关系主体研究范围，除研究品牌和顾客之间的互动外，把相关顾客之间的互动关系也纳入进来，并增加了社群与企业、社群与产品之间的关系；国内学者周志民等（2003，2004a，2004b，2005）提出的三维广义品牌关系结构和指数模型、何佳讯（2006a，2006b，2007）开发的品牌关系质量本土模型等。

基于顾客视角下的品牌关系，把品牌看作与顾客态度之间的关系互动，以关系视角理解品牌，是一种理论上的突破，但也存在局限性。这种理论尽管已经从关系主体、关系维度、关系互动等角度进行了广泛的探讨，但是，该视角由于过度重视顾客因素，而忽视了为品牌价值提供重要来源的其他关系因素，很可能会导致企业与其顾客之外的其他利益相关者之间的关系淡化甚至恶化，而对品牌形象和品牌价值产生破坏性影响。国内外已有

---

① Max Blackston, "Observations: Building equity by managing the brand's relationships", *Journal of Advertising Research*, Vol. 5, No. 6, 1992, pp. 79 – 83.

不少学者开始意识到基于顾客视角的品牌关系理论的局限性，如韦伯斯特（Webster，2000）指出，只从顾客视角思考品牌关系已经产生了一个学术视角的不完整的品牌分析和公司视角的不完整的品牌管理。

（2）供应链视角的品牌关系。鉴于顾客视角的品牌关系的局限性，越来越多的学者关注顾客之外的其他行动者与品牌的关系。韦伯斯特（2000）提出了品牌关系分析除顾客之外，还要重视经销商的关系；戴维斯（Davis，2003）探讨了供应链关系中品牌权益的含义，提出了基于供应链的品牌关系模型，把品牌主体扩展到品牌制造商、供应商、分销商、顾客等。韦伯斯特和戴维斯提出了品牌关系模型，其视野较顾客视角有所扩展，但仍然局限于供应链上的主体间关系，而对企业品牌的其他关系影响者考虑不够。

（3）利益相关者视角的品牌关系。20世纪90年代，在企业管理理论和实践中，利益相关者对企业的影响力越来越大，有学者把品牌关系研究的视野进一步放大，把利益相关者也纳入品牌关系范围之内。邓肯等（1997）提出了利益相关者"价值域"的概念和模型，认为品牌资产是企业的利益相关者对品牌的支持度积累起来的结果，品牌不仅存在于顾客心中，更存在于利益相关者的互动与反馈过程中，企业品牌是通过企业的生产、营销、销售、行政、物流等职能活动分别与外部的顾客、媒体、政府部门、原料供应商、投资者和经销渠道等利益相关者发生关系的。企业管理的重心在于关系的经营尤其要重视利益相关者。科特勒（2002）提出了全方位营销（亦有译作"全面营销"或"整体营销"），提出要超越"客户关系管理"的观念，迈向"全面关系管理"。莫萨德·津尔丁（Mosad Zineldin，2000）提出了企业全面关系管理的概念。很多学者基于利益相关者理论对品牌关系展开了进一步研究，其中，我国学者王兴元（2000，2008，2014）、张燚等（2003，2008，2010）等对品牌生态系统和利益相关者视角下的品牌关系做了大量基础性研究。

基于利益相关者的品牌关系模型相比于顾客视角下的品牌关系模型和供应链视角下的品牌关系模型已经有了重要发展，它为品牌关系理论的研究和发展辨明了方向（张燚等，2008）。利益相关者在企业品牌的塑造过程中扮演重要角色，其利益要求和行为影响着品牌的形象、价值和传播有效性。一般认为，品牌关系中的利益相关者是指与企业品牌产生相互影响的任何企业或个人，一般包括顾客、企业员工、股东（投资者）、供应商、分销商、竞争者、金融机构、媒体、政府和社会公众等。

2. 关于关系评价和品牌关系评价的研究

既然品牌关系对于企业品牌价值和竞争力至关重要，那么如何评价关系水平、判断关系的健康程度呢？借鉴人际关系质量概念，一些学者提出了顾客关系质量、企业间关系质量和品牌关系质量的概念及测量方法。

（1）关系质量的研究。管理学中"关系质量"的概念最早是由美国学者劳伦斯·A. C. 克罗斯比和南希·斯蒂芬斯（Lawrence A. C. Crosby and Nancy Stephens）在 1987 年提出的，他们从人际关系角度出发，借鉴人际关系质量概念，研究了保险商品销售人员与其顾客之间所形成的关系，认为关系质量是顾客对服务人员的信任感以及顾客对买卖双方关系的满意程度。在他们的模型中，关系质量用两个维度来衡量：一是顾客对销售人员的信任；二是顾客对销售人员的满意。其后的学者对关系质量研究的方向上有所扩展，但大都局限于企业之间（B—B）的关系（Kunmar et al.，1995；Torre et al.，2001；Chumpitaz et al.，2004；Ulaga et al.，2006；武志伟等，2007）、企业与顾客的关系质量研究（Bateson，1999；Shamdasani，2000；Thurau，2002；Hsieh et al.，2003）。目前，探讨关系质量的文献主要出现在服务营销、B2B、关系营销等众多领域（Kunmar et al.，1995；胡在新等，1998；Kim，2005；姚作为，2005；Gurviez et al.，2006；蔡双立，2006；曾伏娥等，2007；贾生华等，2007；苏秦等，2010；宋永涛等，2011；李健生，2012；肖阳等，2013），研究的主题除包括关系质量的维度、领域等理论问题之外，还涵盖了企业比较关注的一些实践问题，如关系质量与企业绩效的关系、关系质量对顾客购买行为等方面的影响。

（2）品牌关系质量的研究。品牌关系质量是关系质量理论在品牌关系研究中的应用，已成为品牌关系核心概念之一，它反映了品牌关系的水平和关系健康程度，也有学者用品牌关系作为测量品牌资产及其来源的一个重要变量。

尽管品牌关系概念出现以后便有对品牌关系评价的研究出现，但明确提出品牌关系质量（BRQ）概念和研究框架并尝试进行评价的学者是福尼尔，她在其博士学位论文中，借鉴人际关系和服务营销中的关系质量概念提出用"品牌关系质量"来衡量品牌关系水平以及关系的稳定性和持续性等"健康状况"，福尼尔把它定义为：品牌关系质量是一种基于顾客

—品牌关系的品牌资产测量指标，它反映顾客与品牌之间关系保持持续联结的强度和未来的发展能力。她给出了顾客—品牌关系模型（BRQ Model），并通过实证研究发现，高水平的品牌关系质量对顾客—品牌关系的维护和加强具有促进作用，包括促进顾客重复购买的倾向、预防和抵制竞争者威胁、降低顾客对品牌错误的消极态度和反应，并有利于成功进行品牌延伸，在品牌价值链中能有效地起到中介、传输和调节作用。[①]

对于品牌关系质量的测量与评价，福尼尔认为，从总体上对品牌关系质量进行评价和测量，难以反映关系质量所包含的丰富内容和信息，只有开发多成分（维度、构面）模型，把关系质量的来源从成分层面具体化，才能提高洞察力并实现较为精准的评价，满足评价和管理目标的需求。福尼尔在她的博士学位论文中，通过对人际关系和关系质量概念及评价方法的改造，使之适合于品牌关系领域，提出品牌关系质量由 6 个维度（构面）构成：行为依赖（Behavioral Interdependence）、依恋（Attachment）、亲密（Intimacy）、爱与热情（Love and Passion）、个人承诺（Personal Commitment）和伙伴质量（Partner Quality），福尼尔（1994，1998）还通过实证，验证了其品牌关系质量模型。[②]

福尼尔之后，一些学者就品牌关系质量的概念、维度结构、应用价值进行了理论和实证研究（如 Hyun Kyung Kim et al.，2005；Smit et al.，2006）。福尼尔的一些观点也得到了其他学者的验证和支持，如 Jong - Won Park 等（2002）通过实证研究了品牌关系质量与品牌延伸之间的关系，结果显示，强的顾客—品牌关系质量，能够促进顾客对产品品牌延伸的接受程度；埃迪思·斯密特（Edith Smit，2007）通过实证研究，表明顾客对品牌的感知因关系质量而不同，高的关系质量能够降低顾客对隐私保护弱化的恐惧；马夸特（Marquardt，2013）验证了产业品牌买卖双方关系质量维度包括满意、信任和承诺。

在福尼尔等研究的基础上，我国学者在品牌关系质量研究上也取得了一定的进展。周志民（2003，2004，2006）在西方学者研究的基础上开发出品牌关系评价的指数模型并进行了实证研究。他提出了狭义品牌关系三维度模型（认知、情感、意动）和广义品牌关系五维度模型（承诺或

①　Susan Fournier, *A Consumer Brand Relationship Framework for Strategic Brand Management*, Ph. D. dissertation, University of Florida, 1994, pp. 12 – 22.

②　Ibid. .

相关度、归属或关注度、熟悉或了解度、信任或尊重度、联想或再认度）。何佳讯（2006a，2006b）开发了品牌质量评价的本土化模型，在用西方品牌关系理论进行中国本土化研究方面做出了有益的尝试。他提出，本土品牌关系质量包括社会价值表达、信任、相互依赖、承诺、真有与应有之情、自我概念联结六个构面。

有学者把关系质量研究视角开始放大，如查克拉巴蒂等（Chakrabarti et al.，2007）在考察买卖双方的关系质量时，认为在高度网络化的关系背景下，买卖双方的关系不是简单的和双向的，而是非线性的，要超越买卖双方关系，从开放资源的观点考察买卖双方关系的质量，他们在买卖关系之外，考察了五个利益相关者群体：顾客、社会团体、竞争者、分销商、合作者。他们还提出了开放资源（Open Source，OS）品牌的概念，认为品牌是关系质量的指示器。

（3）关系质量和品牌关系质量评价维度研究。目前，国内外对关系质量的研究相对较多，而对于品牌关系质量包含的具体维度和评价方法的研究较少。品牌关系和一般意义上的关系（人际关系、客户关系、企业间关系等）在本质上具有一致性或相似性，因而品牌关系质量评价，可以借鉴人际关系、客户关系和企业间关系质量的评价维度及方法，通过理论和实证研究，构建和完善品牌关系质量评价模型及维度。表1中列出了国内外关于关系质量维度和品牌关系（质量）维度研究的主要观点。

表1   关系质量维度和品牌关系（质量）维度研究的主要观点

研究者	时间	关系质量评价的维度
克罗斯比、埃文斯、考尔斯 （Crosby，Evans，Cowles）	1990 年	关系质量是一个多维度的概念，至少包括信任和满意两个基本维度
莫尔、斯皮克曼 （Mohr，Spekman）	1994 年	B—B 关系维度：承诺、平等、信任、沟通质量与参与、解决冲突的能力等
福尼尔	1994 年、 1998 年	品牌关系测量六维度：互相依赖、亲密、爱与热情、自我联结、承诺、伙伴品质
布莱克斯顿	1995 年	品牌关系的成功要素：信任、满意
库玛尔、希尔和斯廷坎普（Kunmar，Scheer and Steenkamp）	1995 年	关系质量维度：信任、承诺、冲突、对关系持续性的期望、对关系投资的意愿

研究者	时间	关系质量评价的维度
汗宁 - 苏劳、克莱 （Hennig - Thurau，Klee）	1997	关系质量三个维度：对整体质量的感知、信任和承诺
邓肯、莫里亚蒂 （Duncan，Moriarty）	1997	定义强势品牌关系结构七项指标：信任、一致性、可到达性、响应能力、承诺、吸引力和喜爱度
加巴里诺、约翰逊 （Garbarino，Johnson）	1999	满意、信任和承诺
霍尔姆伦德（Holmlund）	2001	社会维度、经济维度和技术维度
张燚、张锐等	2003	生态型品牌关系结构包括经济结构、政治结构和观念结构
周志民等	2004，2006	狭义品牌关系三维度包括认知、情感和意动；广义品牌关系五维度包括承诺或相关度、归属或关注度、熟悉或了解度、信任或尊重度和联想或再认度
金（Kim）等	2005	自我概念、满意、承诺、信任和熟悉
格尔维兹、科恰 （Gurviez，Korchia）	2006	信任是品牌关系质量的核心变量，信任包括三个维度：可信度、真诚和善意
何佳讯	2006	本土品牌关系质量包括社会价值表达、信任、相互依赖、承诺、真有与应有之情和自我概念联结六个构面
库尔（Kull）	2007	B—B品牌关系质量维度包括爱、自我联结、互相依赖、承诺、亲密和伙伴品质
维路特苏（Veloutsou）	2007	两个层面：双向沟通和感情交流
武志伟、陈莹	2007	我国合作企业间关系质量三个维度：关系强度、关系公平性和关系持久性
阮平南、姜宁	2009	企业间关系心理维度：满意程度、对持续关系的期望和对关系追加投入的意愿
马夸特	2013	满意、信任和承诺

资料来源：笔者根据相关资料整理。

（4）现有关系质量和品牌关系质量研究的总结及评述。基于对国内外关于关系质量和品牌关系质量相关研究成果的简要回顾，本书认为，以"关系质量"来评价关系水平和关系"健康程度"，并通过构建多个维度进行测量，是关系管理的重大进步。我国学者构建本土化评价模型的尝试，是管理理论中国化的贡献，但目前的研究也存在一定的局限性。

通过对20世纪80年代以来人际关系质量、顾客关系质量、企业间关系质量、品牌关系质量等相关学术文献和评论进行全面回顾，发现关系质量维度数量从两个到十多个不等，其中，出现最高频率的维度是"满意"

"信任"和"承诺"。

现有研究成果中，除福尼尔、周志民、何佳讯、金等少数学者对顾客视角下的品牌关系质量评价与维度进行了实证研究以外，大多为理论研究。未来的研究应该在现有关系质量维度研究的基础上，对品牌关系维度进行实证检验。

从当前的国内外研究成果来看，关系质量研究主要集中在买卖双方关系、企业间关系等"一对一"关系的研究，对于品牌关系质量研究，大多数仍然是基于品牌与顾客关系视角，缺乏品牌和利益相关者互动关系视角的研究，如何评价这种企业品牌与多主体之间的关系是一个新问题。尽管邓肯和莫里亚蒂（Moriarty）曾提出利益相关者视角下的品牌关系概念，但其提出的定义强势品牌关系结构七项指标仍然是以理论探讨为主，难以作为评价质量的维度时的应用工具，也没有经过实证研究；查克拉巴蒂等提出的开放资源品牌研究理念和框架，其理念上是一个重要进步，但仍然是基于买卖关系质量的考察，只是把利益相关者因素作为买卖关系的情景和参考因素，把品牌看作买卖关系质量的指示器，而且也没有做评价维度研究。在当今企业管理实践中，利益相关者影响力越来越强，理论上说，对利益相关者的研究方兴未艾，目前的研究显然具有一定的局限性。可以预见，基于利益相关者视角的品牌关系质量评价和管理研究将是未来品牌管理和关系管理研究的一个重要方向。

品牌关系理论是基于社会心理学中的人际关系理论发展出来的品牌理论，当前的研究大多仍然是基于传统人际关系理论视角，这种视角注重关系主体之间的"一对一"关系，没有考虑或者较少考虑关系主体所嵌入的关系网络背景。随着经济、社会和商业网络化发展，关系网络越来越成为关系分析和关系管理需要考虑的重要背景及变量。对品牌关系的考察不应局限于个体之间，而应考虑关系主体（企业品牌与其利益相关者）所处的关系网络特征，基于社会网络分析的品牌关系质量评价值得深入研究。

（二）国内外关于利益相关者与企业关系的研究

利益相关者理论认为，企业不仅要为股东服务，而且还要为其利益相关者服务（贾生华、陈宏辉，2002）。今天的商业世界是由客户、供应商、社区、企业员工和股东（投资者）组成的相互关联的网络，具有很大的复杂性和不确定性，决定企业经营成败。即使一个企业的经理相信创造股东价值是企业的唯一合法目的，但是，他们也必须关注利益相关者关系，因为只有这样，才能实现股东价值的创造。那种以牺牲其他利益相关者为代价来服务股东的企业是不能维持其业绩的。① 因此，商业经营的本质是企业如何为客户、供应商、员工、股东（投资者）、银行、社区等利益相关者互动和创造价值。理解商业就是去了解这些关系的运作，企业经理的工作是管理和发展这些关系，即对利益相关者关系进行有效管理，图1是一个有代表性企业的利益相关者图谱。

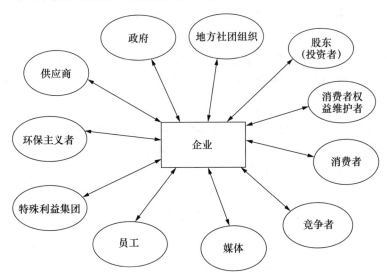

图1　一家企业的利益相关者图谱

资料来源：Freeman，R. E.，*Strategic Management*：*A Stakeholder Approach*，Boston：Pitman Publishing Company，1984，p. 25。

1. 利益相关者理论发展回顾

利益相关者的重要性是伴随着企业管理理论和实践发展逐步得到认识和重视的。利益相关者理论是20世纪60年代初在西方国家出现并逐步发展起来的，进入20世纪80年代以后，其影响迅速扩大，并开始影响西方国家的公司治理模式，并在一定程度上促进了企业经营管理方式的转变。

据考证，"利益相关者"一词最早出现在1708年的《牛津辞典》中，表示人们在某项活动中所下的赌注（刘肃毅，2008）。利益相关者理论的早期思想可以追溯到1932年，但是，利益相关者作为一个专有名词，出

_____

① R. Edward Freeman，Jeffrey S. Harrison and Andrew C. Wicks，*Managing for Stakeholders*：*Survival*，*Reputation*，*and Success*，New Haven & London：Yale University Press，2007，pp. 3 – 5。

现于 1963 年，当时斯坦福大学的一个研究小组（现称斯坦福研究所，简称 SRI）首次给出了利益相关者的定义："利益相关者是这样一些群体（组织），如果没有他们的支持，组织就不可能生存。"（Clark，1998）

1984 年，利益相关者管理领域早期代表人物弗里曼出版了具有里程碑意义上的著作《战略管理：利益相关者方法》，在这本书里，他描述了利益相关者概念的基本特征，并且从战略管理的角度来认识利益相关者对企业持续经营的作用，进而对迈克尔·E. 波特的战略管理思想产生与发展起到了重要的启示。弗里曼（1984）给出的利益相关者定义也成了最为经典的定义之一："利益相关者是指能够影响一个公司目标的实现或能够被公司实现目标的过程影响的群体或个人。"[1]

加拿大学者马克斯·克拉克森（Max Clarkson）为推动利益相关者理论的发展做出了突出的贡献。他于 1993 年 5 月组织了一次关于利益相关者管理问题的国际学术会议，该会议有力地推动了利益相关者理论研究的发展，会议提出的一些观点得到与会学者的普遍赞同，如"企业存在和经营的目标是为其所有的利益相关者创造财富和价值……企业是由利益相关者组成的系统，它和那些能给企业活动提供法律和市场基础支持的社会大系统一起运作"（克拉克森，1995）[2]，克拉克森（1999）还提出了著名的利益相关者管理的克拉克森原则，即利益相关者管理原则。

美国学者玛格丽特·M. 布莱尔（Magarete M. Blair，1995）著的《所有权和控制：重新思考 21 世纪的公司治理》一书，是关于公司治理理论和实践方面的一部系统著作，被认为是利益相关者理论中的又一部重要文献。布莱尔着重从法律角度来剖析现代公众公司"所有权"的经济学含义。她认为："股东是大公司的唯一所有者是一种误导，股东并没有像当时的经济学理论所假定的那样承担企业的全部风险，其他企业参与者也没有像理论假定的那样完全脱离风险。"

其他学者进一步发展了利益相关者理论。唐纳森等（1995）提出了从描述性观点（Descriptive）、工具性观点（Instrumental）和规范性观点（Normative）三个层面认识和理解利益相关者理论。唐纳森等（1995）提出

① R. Edward Freeman, *Strategic Management: A Stakeholder Approach*, Boston: Pitman Publishing Company, 1984, p. 25.

② Max B. E. Clarkson, "A stakeholder framework for analyzing and evaluating corporate social performance", *Academy of Management Review*, Vol. 20, No. 1, 1995.

了著名的利益相关者"社会综合契约理论"。米切尔（Mitchell，1997，1998）提出了利益相关者分类方法，即著名的"米切尔属性三分法"，被广泛地用于利益相关者的分类研究，他是又一个对利益相关者理论发展做出重要贡献的学者。

伊莉亚斯等（Elias et al.，2000）对利益相关者理论演进进行了梳理，并绘制了利益相关者理论演进图（见图2）。

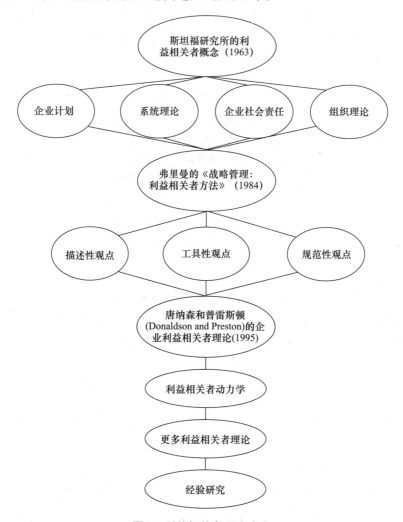

图2　利益相关者理论演进

资料来源：A. A. Elias, R. Y. Cavana and L. S. Jackson, "Linking stakeholder literature and system dynamics: Opportunities for research", Proceedings of the international conference on systems thinking in management, Geelong, Australia, January 174 - 179, 2000。

2. 利益相关者与企业关系回顾

利益相关者对企业经营的影响，从影响深度和介入程度来看，经历了利益相关者"施加影响—参与—共同治理"三个阶段（王身余，2008）。20世纪60年代初期，利益相关者概念的提出，使企业理论中的股东至上主义开始转向利益相关者影响理论，人们开始关注利益相关者对企业战略和绩效的影响；70年代中期以后，利益相关者对企业的影响进一步加深，利益相关者开始介入并参与企业管理；90年代中期以后，利益相关者理论和实践开始转向利益相关者参与公司治理（见图3）。

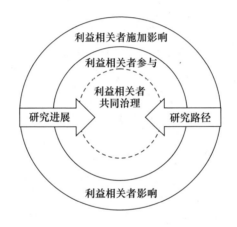

图3　利益相关者理论发展路径

资料来源：王身余：《从"影响"、"参与"到"共同治理"——利益相关者理论发展的历史跨越》，《湘潭大学学报》（哲学社会科学版）2008年第11期。

对企业营销活动中利益相关者的关注和研究，始于20世纪80年代的关系营销理论。在此之前，营销界普遍信奉50年代营销革命带来的"顾客至上"理论，只盯住"顾客需求"，而漠视利益相关者的需求。初期的关系营销仍然是关注和顾客建立"关系"而不是只进行"交易"活动，后来有学者扩大了"关系"的范围，把部分利益相关者纳入研究范围。在关系营销理论提出之后，整合营销、全方位营销等新的营销理念不断出现，这些营销新理论的一个共同特点就是把企业内外部利益相关者纳入营销管理实践和理论研究范围。

综观国内外对利益相关者理论的研究，其主要研究目的和应用领域主要是围绕战略管理、公司治理、企业管理伦理和社会责任等方面展开的，把利益相关者理论引入品牌管理领域的研究相对较少，研究也较为肤浅。在企业管理、公司治理、关系营销共同关注"利益相关者"的大背景下，利益相关者视角下的品牌管理理论是一个非常值得关注和深入探讨的课题。

（三）研究述评

通过对品牌关系和利益相关者理论等文献回顾与总结，可以发现，当前相关理论研究存在以下问题：

（1）研究视角多数局限于品牌与顾客关系。当前的研究成果，多数基于品牌与顾客关系视角，仍然以品牌与顾客之间的狭义品牌关系为主线展开，在理论上和实践中存在一定的局限性。

（2）缺少利益相关者与品牌关系质量评价和管理方面的研究。尽管对关系质量、品牌关系、品牌关系质量等问题研究较多，但是，对品牌关系质量的评价研究较少，对基于利益相关者视角的品牌关系质量评价还非常缺乏。

（3）对品牌关系主体之间的互动关系机理研究不多。当前的研究成果，即使是品牌与顾客之间的狭义品牌关系的研究也大多是从顾客一侧的情感和行为变量展开的，研究结论忽视了品牌主体的能动性，对相关主体之间互动作用机理研究较少，而品牌关系主体之间应该是一种相互作用、相互影响的互动关系，对于利益相关者—品牌关系下的互动机理探讨更是有待深入研究。

（4）实证研究和本土化研究较为缺乏。当前对品牌关系质量的研究，除福尼尔、周志民和何佳讯等少数学者的研究以外，大多为理论研究，缺乏实证支持。对于关系质量和品牌关系质量的研究，国外学者研究较早，成果较多，而基于中国情境下的品牌关系质量评价与管理理论和实证研究较少。

（5）研究方法较为单一。对品牌关系的研究，从一开始就借鉴了人际关系理论的概念和方法，到最近的研究仍然缺少新的理论基础和研究方法出现，而品牌关系能否和人际关系的性质完全等同或非常类似，仅仅借鉴人际关系理论，能否刻画品牌关系的本质，是否应该引入新的研究方法（如社会网络理论等），值得探讨。

鉴于当前品牌关系及其质量评价研究中存在的问题和不足，本书认为，未来的研究应在以下几个方面进行深入探讨：

（1）研究重点领域。由品牌与顾客关系，即狭义的品牌关系研究，转向品牌与利益相关者互动下的广义品牌关系研究；注重利益相关者与品牌主体之间互动的研究；鉴于中国国情的特殊性，应更加注重中国情境下的品牌关系研究。

（2）研究深度。由理念的建立、研究框架的架构，转移到对品牌关系机理的研究，具体问题的研究，如对互动机理、关系质量、关系维度、关系评价的研究。

（3）研究方法创新。增加实证研究，在理论基础和研究方法上突破人际关系视角，引入社会学、经济学、管理学和心理学等多学科理论作为支撑；考虑关系嵌入的网络情境，引入社会网络分析等新的研究方法。

本书的研究目标和研究内容就是基于以上考虑而设计和展开的。

四　研究内容、研究方法与技术路线

（一）研究内容

本书以我国快速消费品生产企业的企业品牌（组织品牌）为研究对象，探索品牌关系质量的评价和管理问题。主要研究内容包括以下八个方面：

1. 文献综述

本部分从关系视角的管理理论和实践、交易和顾客视角主导下的品牌理论及实践面临的困境、利益相关者纳入品牌关系管理的必然性三个方面探讨了研究背景，然后，在提出研究目的的基础上，从理论意义和实践意义两方面分析了本书的研究意义，并在对品牌关系、品牌关系质量和利益相关者等理论研究成果进行综述的基础上，指出了当前研究中存在的问题和不足，进而提出了本书的研究目的和价值，以及本书的研究内容、研究方法和技术路线。

2. 利益相关者视角下的品牌关系质量基本理论研究

本书界定了品牌、产品品牌、组织品牌（企业品牌）、品牌关系、品牌资产、品牌价值、关系质量和品牌关系质量等相关概念的内涵；在利益相关者概念和理论研究综述的基础上，对品牌关系中利益相关者的概念进行界定，并对通过现有学术文献调研和企业品牌管理现场调研获得的 20

种具体利益相关者概念进行界定；从管理学、经济学、社会学和心理学等多个学科的相关理论出发，挖掘和提炼了品牌与利益相关者关系及互动的理论基础。

3. 品牌关系中核心利益相关者的识别与研究边界确定

对文献调研和企业现场调研获得的 20 种企业品牌利益相关者进行初步筛选，采用专家意见法，从 20 种利益相关者中筛选出了 16 种认同度较高的利益相关者作为研究对象。采用米切尔的利益相关者三维属性（合理性、影响力和紧急性）分类法，对企业品牌利益相关者属性和重要性进行分类研究。通过对职业经理人、企业管理人员和企业员工发放问卷进行调研，对回收的问卷，采用 SPSS 18.0 统计软件进行数据处理，采用均值比较、描述性统计、配对样本 T 检验和单因素方差分析等方法，从 16 种利益相关者中识别出 6 种品牌关系的核心利益相关者。

4. 品牌与利益相关者双向价值和利益要求研究

以 6 种核心利益相关者作为重点研究对象。首先对企业品牌与其利益相关者之间的价值和利益要求进行理论分析，通过文献调查和访谈，获得利益相关者及企业品牌双向价值和利益要求基本情况，在此基础上完成调查问卷的设计；然后对职业经理人、企业管理人员和企业员工进行访问调查，利用 SPSS 18.0 软件对调查数据进行统计分析，对双向价值和利益要求的主要内容及重要程度进行排序，得出了品牌和利益相关者双向利益要求的主要内容及重要性排序。

5. 品牌与利益相关者互动机理和互动模型研究

以社会学、经济学和管理学等学科理论为基础，从品牌与利益相关者互动动因、互动响应模式、互动接触点、互动维度和互动类型五个方面分析品牌与利益相关者的互动机理，用博弈论分析品牌与利益相关者的互动关系，构建了品牌与利益相关者互动的整体模型，提出了基于品牌与利益相关者互动的全面品牌关系质量管理模型。

6. 品牌与利益相关者关系质量评价方法和模型研究

在品牌关系主体利益要求和互动机理分析的基础上，采用层次分析法（AHP），构建了品牌关系质量评价的指标体系和层次分析法模型，运用通过专家意见法调查获得的数据，计算出指标体系的权重。将探索品牌与利益相关者关系整合程度评价方法，并提出了"品牌关系整合度"概念。从社会网络分析视角对品牌关系理论和评价方法进行初步研究，从研究边界确定、描述方法和测量内容三个方面提出了社会网络视角下品牌关系的分析与测量的主要内容和评价指标，并对人际关系视角和社会网络视角下的品牌关系理论进行比较。

7. 基于利益相关者视角的品牌关系质量管理方法和策略

在理论和实证分析的基础上，提出利益相关者视角下的品牌关系质量管理方法和策略。基于全面质量管理的思想，研究全面品牌关系质量管理的概念和理论模型；分析利益相关者视角下的品牌关系生命周期的内涵，并对品牌关系生命周期阶段划分和各个阶段的主要特征进行了分析，给出典型的品牌关系生命周期曲线（BRLC）若干种模式，并提出基于品牌关系生命周期的品牌关系质量管理策略；基于管理界面理论，分析品牌关系管理中界面类型和界面中存在的矛盾及冲突的成因，提出品牌关系界面管理方法和策略；把品牌关系形成的社会网络作为一个重要的关系嵌入情境因素，提出基于关系社会网络因素的品牌关系管理方法和策略；在体验经济背景下，"体验"是企业一个重要管理工具，研究利益相关者视角下的品牌关系"整体体验管理"的内涵、方法和策略。

8. 品牌与利益相关者关系质量评价和管理案例研究及应用

运用研究所得到的品牌与利益相关者关系质量评价和管理理论，对快速消费品企业维维集团品牌关系评价与管理进行实证研究。通过对企业品牌核心利益相关者对企业品牌的态度进行问卷调研，把调研数据代入之前研究所构建的评价模型和整合度测试工具，对该企业品牌的关系质量水平和整合度进行评价。针对以上调研和评价结果，对该企业品牌关系质量管理存在的问题进行分析，在此基础上，应用课题研究所得到的品牌关系质量管理理论、方法和策略，对该企业品牌关系质量管理提出建议。

（二）研究方法

根据研究目标和研究内容的需要，本书采取的研究方法如下：

1. 文献研究和理论分析

对于利益相关者视角下的品牌关系和相关概念的界定，品牌关系理论的理论基础，品牌关系管理方法和策略和其他部分某些问题的研究，以文献研究与理论分析为主。系统地查阅、整理国内外与品牌关系和利益相关者相关的文献资料，总结他们的结论与成果，以此作为本书的理论推演基础，找准本书研究的切入视角及拟解决的主要问题，在逻辑推理与理论分析相结合的基础上提出相关假设，建立理论分析框架与研究模型。

2. 问卷调查和实证研究

对企业品牌主要利益相关者属性分类、品牌关系核心利益相关者识别、基于品牌关系视角的企业品牌与利益相关者双向利益（价值）取向与利益要求等内容的研究，采取调查问卷和深度访谈等方法进行研究。通过对企业管理人员、员工和其他有关人员进行调研，采用米切尔的利益相关者属性三维分析法对利益相关者进行分类，利用 SPSS 软件进行分析，析出企业品牌关系核心利益相关者，作为下一步研究的范围。同时，调查企业与利益相关者双向利益要求和期望，通过统计分析（SPSS 软件），找出核心利益相关者与企业品牌的双向利益要求，为下一步研究互动机理和建立评价维度打下基础。

3. 层次分析法

在对利益相关者需求分析的基础上，确定品牌关系质量包含的主要维度，并构建品牌关系质量评价的多级指标体系，采用层次分析法，构建品牌关系质量的评价指标体系和评价模型，用于计算利益相关者视角下的品牌关系质量指数。

4. 社会网络分析和博弈论

由于品牌关系主体之间不是简单的线性关系，他们彼此之间建立起一种复杂社会网络，研究品牌关系需要考察品牌和利益相关者所嵌入的社会网络，因此，试图探索尝试引入社会网络分析来研究品牌关系。博弈论的思维和方法在分析品牌关系主体之间的互动时，有一定的解释能力，本书引进博弈论的一些方法和模型。

5. 案例研究和应用研究

以某具体企业品牌为案例进行实证分析，通过对一些相关者进行访谈、调研，研究它们与利益相关者之间的关系，并采用本书研究的评价指标体系和评价模型评价其关系质量，在此基础上提出品牌关系质量管理建议。

（三）技术路线

根据本书的研究目标、研究内容、逻辑结构和需要采用的研究方法，确定了本书研究的技术路线（见图 4）。

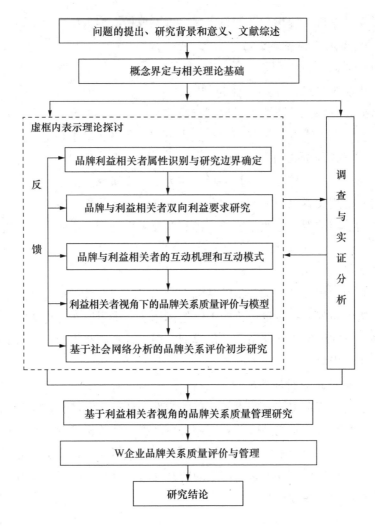

图 4　本书研究的技术路线

本章小结

　　本章首先从关系视角的管理理论和实践、交易和顾客视角主导下的品牌理论和实践面临的困境、利益相关者纳入品牌关系管理的必然性三个方面探讨了研究背景，然后在提出研究目的的基础上，从理论意义和实践意义两方面分析了本书的研究意义，并对品牌关系、品牌关系质量和利益相关者等理论研究成果进行综述的基础上，指出了当前研究中存在的问题和不足，进而提出了本书的研究目的和价值，最后给出了本书的研究内容、研究方法和技术路线。

第一章　概念界定与理论基础

第一节　品牌理论发展与相关概念界定

品牌最初是作为区别企业产品的标志而出现的，品牌化的对象主要是产品。随着品牌理论与实践的发展，品牌和品牌化过程的对象进一步扩大，由产品扩展到企业组织，整个企业（组织）都被品牌化了，可以说，"组织就是品牌，品牌就是组织"。本书就是对"组织品牌"的"品牌关系质量"，即企业品牌与利益相关者之间的关系质量进行研究，并以快速消费品①中的食品生产工业企业品牌为例，进行理论分析和实证研究。在研究开展之前，首先对本书涉及的品牌相关概念做一界定。本节在回顾品牌理论发展的脉络以及对品牌内涵的认识发展轨迹基础上，对相关概念进行界定。

一　品牌理论发展简述

（一）品牌理论的演进简述

品牌或者类品牌在人类的生产实践中已经有上千年的历史，而品牌理论的出现只有一个世纪左右的时间。"什么是品牌"和"如何评价品牌"是品牌理论中两个最基本的问题，对品牌评价是在对品牌内涵认识基础上进行的，不同的认识有不同的评价方法。关于品牌的概念，至今没有一个统一的定义，对品牌的定义有上百种之多，对品牌的定义的差别来源于对品牌内涵和本质的认识差异与演化。回顾品牌理论的发展历史，一个世纪以来，人们对品牌的认识，经历了识别标志、品牌形象、品牌个性、品牌

---

① 快速消费品（Fast - Moving Consumer Goods，FMCG），是指那些消费速度较快，需要不断重复购买的消费品，如日化用品、食品饮料、烟酒等。

定位、品牌资产、品牌关系等标志性的理论。对于品牌理论的发展阶段，不同的学者有不同的划分方法，如卢泰宏（2003）把西方品牌理论研究发展划分为品牌、品牌战略、品牌资产、品牌管理和品牌关系五个阶段；陶晓红（2003）从品牌内涵演进过程角度，把品牌理论发展划分为品牌标识、品牌形象和品牌关系三个阶段；张锐和张燚等（2007）把品牌发展划分为三个阶段和七个子阶段。但是，无论哪种划分方法，在对品牌经典理论及其出现时间的认识上基本是一致的，本书按照时间顺序，把品牌发展史上的若干个重要的概念和产生时间列成简表（见表1－1）。

表1－1 品牌理论的演进过程

时间	主要理论和观点	评价方法与指标
20 世纪 20 年代以前	产品标志、企业商号、商标和品牌广告思想	品牌产品质量
20 世纪 20—40 年代	品牌经理制	品牌产品利润
20 世纪 50 年代	USP 理论（独特销售主张）	顾客满意度
20 世纪 60 年代	品牌形象理论和品牌个性理论	知名度、美誉度和个性维度
20 世纪 70 年代	品牌定位和品牌延伸	销售额和市场份额
20 世纪 80 年代	品牌权益（品牌资产和品牌价值）	品牌资产和品牌价值
20 世纪 90 年代以后	品牌关系、360 度品牌、品牌体验和品牌生态	品牌关系质量

资料来源：根据相关资料整理。

（二）品牌内涵和本性简述

与品牌理论发展相对应的是对品牌内涵和本性的认识。彻纳托尼（Chernatony，1998，2006）曾对品牌内涵的发展和分类进行了深入研究，他把有史以来世界顶级品牌顾问和专家对品牌内涵的众多解释进行细致剖析，然后进行综合和分类，把"对品牌不同的解释"分成三大类十四种。三大类"解释"包括输入视角、输出视角和时间视角；十四种"解释"分别是标志、法律工具、公司、速记法、风险降低器、定位、个性、价值束、愿景、增加值、身份识别、印象或形象、关系和演进的实体（见表1－2）。我国一些学者也对品牌内涵的发展与分类进行过综述和探讨，如黄学银（2002）、薛可（2004）、王连森（2004）、张燚等（2004，2007）、张红明（2007）、蒋璟萍（2009）、张锐等（2010）等依据不同的划分标准也对这一问题进行了探讨。

表1-2　　　　　　　　　　　　"品牌"的不同解释

输入视角	输出视角	时间视角
标志	印象或形象	演进的实体
法律工具	关系	
企业		
速记法		
风险降低器		
定位		
个性		
价值束		
愿景		
增加值		
身份识别		

资料来源：Leslie de Chernatony，*From Brand Vision to Brand Evaluation*：*The Strategic Process of Growing and Strengthening Brands*，2 edition，Oxford：Butterworth - Heinemann，2006，p. 27。

（三）品牌评价方法和工具的演进

不同的品牌理论体现着不同的认知视角和对品牌内涵的不同理解，其刻画和评价方法也有所不同，早期的品牌理论对品牌的评价侧重于定性描述，且没有专门的评价方法，随着品牌理论的发展，不同学科的理论与方法被引入，越来越多的定量评价方法开始出现。

1. 识别标志阶段的品牌评价方法

品牌最初是作为区别企业产品的标志而出现的，企业可以用它与竞争对手的产品或服务区别开来。19 世纪末 20 世纪初，企业奉行生产观念和产品观念的营销哲学，人们关注的是品牌产品在质量和功能上与其他生产者的差别，评价品牌的标准是品牌代表的产品功能和质量水平，品牌所有者的产品及品牌质量高、功能多、性能可靠将被给予较高的评价，在市场上形成较高的知名度和美誉度。

2. 品牌形象理论的出现及评价方法

20 世纪 50 年代以后，市场营销观念开始产生和盛行，企业由关注自身资源条件转而开始关注顾客的需求，奥格尔维和赫佐格（Ogilvy and

Hertzog，1963）从品牌塑造角度提出了品牌形象理论。品牌形象是顾客对品牌的感知和评价，是顾客对产品的质量、价格、历史等信息进行综合，形成并存在于心里的关于品牌各要素的图像及概念的集合体，它反映顾客记忆中关于品牌的联想。品牌形象既可以定性描述，也可以用量化的方法来考察，常用以度量品牌形象的指标有品牌知名度和品牌美誉度。

3. 品牌个性理论的出现及评价方法

品牌个性理论（Gardner and Levy，1955）提出以后，研究进展一直比较缓慢，初期的研究以定性描述为主。1997 年，珍尼弗·阿克（Jennifer Aaker）借鉴心理学中人格特质论中的“大五”模型对品牌个性维度进行研究，发现美国文化背景下的品牌个性体系包括 5 个维度、15 个次级维度和 42 个品牌个性特征，5 个维度分别为真诚（Sincerity）、刺激（Excitement）、能力（Competence）、教养（Sophistication）和坚强（Ruggedness）。黄胜兵和卢泰宏（2003）通过实证研究，开发了中国的品牌个性维度量表，并从中国传统文化角度阐释了中国的品牌个性维度为仁、智、勇、乐和雅。

4. 品牌定位理论的提出及评价方法

里斯和特劳特（Ries and Trout，1972，1980）提出了定位的概念，后来衍生出品牌定位理论。品牌定位是指通过设计和传播公司的产品、服务和形象等品牌要素，使其在目标顾客心目中占据独特的价值地位。定位理论认为，营销竞争的终极场所，并非数以万计的工厂和遍布大街小巷的商店，而是顾客的心智。品牌定位没有专门的量化评价工具，却有一些定位分析工具，如 ZMET 技术、品牌定位知觉图、品牌定位排比图、品牌金三角模型、品牌十字模型和投射技术等，这些工具是选择品牌定位点、评价品牌定位是否完成目标位置的重要方法。鉴于品牌形象和品牌个性是品牌定位的核心内容之一，故也可以综合运用品牌形象和品牌个性的测量工具和评价指标，如品牌知名度、品牌美誉度、品牌个性维度以及市场份额等指标来评价品牌定位。

5. 品牌资产理论的提出及评价方法

在 20 世纪 80 年代以来的公司并购浪潮中，强势品牌能以数倍、数十倍于其有形资产的价格出售，促使公司更加重视品牌的市值和增值，在此背景下，学术界提出了品牌资产的概念和理论，20 世纪 90 年代品牌资产理论的提出，是品牌理论领域最重大的进展（卢泰宏、吴水龙等，

2009），开启了品牌评价量化研究的新阶段，学者和一些品牌评估机构开始从企业财务、顾客、品牌力等角度认识和评价品牌。企业财务角度的品牌资产理论把品牌当作企业自身的一项无形资产进行评估和研究，注重反映品牌的市场业绩和市场竞争力，较有影响的品牌资产模型有 Interbrand 模型、Financial World 模型、西蒙和萨利文（Simon and Sulivan）模型等。顾客角度的品牌资产理论认为，品牌之所以对企业和经销商有价值，是因为能给顾客带来价值。阿克（1991，1996）从顾客认知视角发展出品牌资产的"五星"概念模型，认为品牌资产由品牌认知、品牌感知质量、品牌联想、品牌忠诚和其他专属品牌资产五个既有联系又有区别的要素构成。凯勒（2001，2009）提出了基于顾客的品牌资产概念和模型，从顾客与品牌的关系角度来认知品牌价值的内涵及其来源。

6. 品牌关系理论的提出及评价方法

1992 年，美国学者马克斯·布莱克斯顿在关系营销理论基础上，参照社会学和社会心理学中的人际关系理论，提出了品牌关系这一概念，认为品牌与顾客之间就像人与人之间一样，通过互动活动可以形成亲密、持久和稳定的关系，以此关系视角的品牌理论成为一个新的研究领域，创建、维护、强化和管理企业品牌关系已经成为营销和品牌理论的核心问题之一（邓肯等，1997；张燚等，2010；Miller 和 Merrilees，2013）。早期的品牌关系理论注重顾客与品牌的互动关系，随着商业环境的变化和企业经营理念的变革，企业与顾客之外的投资者、社会公众、媒体、中间商、社区等其他利益相关者之间的相互作用和相互影响也越来越大，由此产生了品牌与利益相关者互动基础上的品牌关系理论。品牌关系理论是基于"关系"视角对品牌的认知，其评价方法需要借鉴人际关系中的一些理论和方法。在以往以关系强度、关系亲密性等定性和概念化描述的基础上，"关系质量"（Relationship Quality，RQ）的概念和测量研究方法由人际关系理论领域被借用到组织管理领域，并逐步成为衡量关系水平的重要术语。"关系质量"也被看作是与"客户满意度"和"服务质量"一样的概念，成为衡量企业绩效来源和竞争优势来源的关键因素（卢泰宏、周志民，2003；Rauyruen，Miller，2007）。

二 品牌相关概念发展与界定

（一）品牌概念的发展与本书的界定

什么是"品牌"？至今没有一个统一的定义。到目前为止，对品牌定义有上百种之多，对品牌的定义差别来源于对品牌内涵和本质认识上的差异。最初品牌是一种用来区分产品的标志与方法，如美国营销协会（American Marketing Association，AMA）在 20 世纪 60 年代对品牌的定义："品牌是一个名称、术语、标志、符号，或设计，或是它们的结合体，以识别某个销售商或某一群销售商的产品或服务，使其与它们的竞争对手的产品或服务区别开来。"由于这个定义的直观性，指出了品牌最基本的作用和特征，至今仍被理论界和实务界所广泛引用。

随着实践的发展和理论研究的深入，人们对品牌本质的认识逐步深化，许多学者开始从更广阔的视角看待品牌。有人开始从顾客感知方面来认识品牌，如凯勒（1991）从顾客角度提出以顾客为基础的品牌资产概念；尤普肖（Upshaw，1995）认为，品牌不仅是名称、标志和其他可展示的标记，使某种产品或服务区别于其他产品或服务，更是一种顾客对其产生的认知或感受，品牌是文字、形象、意念与顾客对品牌所具有感受的综合体。

布莱克斯顿（1992）的品牌关系理论中，品牌被赋予了人格化色彩，他认为，顾客和品牌之间就像人际关系一样存在情感和行为上的交流与互动。对于基于顾客视角的品牌定义，我国很多学者也做了深入的理论和实证研究，其中，王新新（2000）关注到品牌关系中的契约的存在，认为品牌是一种关系性契约，品牌不仅包含物品之间的交换关系，而且还包括其他社会关系，如企业与顾客之间的情感关系。

把品牌和顾客的关系作为切入点的品牌理论在一定程度上揭示了品牌的本质：品牌不是企业自身独立拥有的东西，它存在于顾客的心目中，如果顾客对其失去了信心而疏远它，它也就失去了价值。然而，随着企业营销环境的变化，这种视角又显示出一定的局限性。在企业内部管理变得越来越复杂的同时，与外部环境的联系和互动也日益紧密，企业的社会责任也被提高到前所未有的高度，企业间的竞争与合作呈现出新的特点，利益相关者对企业的影响不断加强。企业的经营管理不能再仅仅局限于关注内部资源和短期的利益，把利益相关者纳入企业战略管理、公司治理和品牌关系管理范畴，已经成为一种必然趋势。

企业在经营互动中，与利益相关者之间相互作用、相互影响，利益相关者在组织品牌的塑造过程中扮演重要角色，其利益要求和行为以及与品牌之间的关系影响品牌的形象和品牌资产，品牌主要利益相关者的支持力度和合力决定品牌的价值。显然，品牌不仅存在于顾客心目中，也存在于利益相关者的心目中。品牌关系的范畴不能再仅仅局限于品牌与顾客之间的"客户关系"，也应该包括品牌与其他利益相关者之间的关系，因此，戴维森（2004）认为，"品牌是利益相关者对组织的总的看法"。

基于以上分析，结合本书研究需要，再重新审视品牌的概念，本书认为，品牌是利益相关者对于组织及其产品和服务的认知总和，是一种组织与利益相关者之间的关系性契约的总和。

（二）品牌关系概念的界定

前文对品牌关系的主体和内容进行了综述，在此基础上，本书给出品牌关系的定义：品牌关系是组织品牌与顾客、经销商、供应商、公众等多种利益相关者之间彼此满足对方利益要求的互动关系。

不同类型的企业品牌关系结构、利益相关者关系属性等有所不同，本书以消费品中的快速消费品生产企业的组织品牌关系为例进行研究。

根据品牌化的对象不同，品牌可以分为产品品牌、组织品牌等。由于本书是以企业为例，研究组织品牌关系，本书中在探讨企业品牌问题时，把"组织品牌"和"企业品牌"视为同一概念。

本书把品牌与顾客关系又称作狭义的品牌关系，而把品牌与利益相关者关系称作广义的品牌关系。如果不加特别说明，本书中的品牌关系、品牌关系与利益相关者、广义的品牌关系是指同一概念。

（三）品牌关系质量概念的界定

前文对品牌关系的主体和内容进行了综述。本书在福尼尔（1994）等提出的基于顾客视角的品牌关系质量和姚作为（2005）等对关系质量定义的基础上，给出利益相关者视角下的品牌关系质量的定义：品牌关系质量（Brand Relationship Quality，BRQ）是指企业品牌与顾客以及其他利益相关者之间联结的强度和持续发展能力，它是利益相关者对互动关系满足各自利益要求程度的感知与评价总和，它反映了顾客和其他利益相关者对组织品牌的支持程度。品牌关系质量高的企业，具有更强的持续发展能力和竞争力。

（四）品牌权益、品牌资产和品牌价值概念辨析

品牌权益、品牌资产和品牌价值是既相互区别又相互联系的三个概念。1962年，德国学者W.克恩（W. Kern）在研究商品符号价值的有关

论文中就提到过"品牌价值"的概念，其后 20 年间，学术界和实务界没有进一步发展和重视这个概念。20 世纪 80 年代中期，随着全球企业并购浪潮的出现，企业并购中的"溢价"现象的出现，使学术界开始关注品牌的无形资产和价值，著名品牌学者阿克（1991）出版了具有里程碑意义的著作《管理品牌资产》，之后，"品牌资产""品牌权益"（brand equity，也被译作品牌权益）成为品牌理论中的一个研究热点。一般来说，品牌资产被认为是一种超越企业生产经营中所有有形资产以外的价值，是一种品牌带给企业的额外收入。后来，有学者提出用"品牌价值"代替"品牌资产"和"品牌权益"。于春玲和赵平（2003）认为，品牌权益、品牌资产和品牌价值的提法反映了人们对品牌的不同认识角度，品牌资产是从企业资产分类角度对品牌增值性的静态描述，品牌权益则能够动态地体现品牌资产形成过程中资产和价值来源的相互作用及相互影响，品牌价值则是从经济学本源上描述品牌资产来源和存在的根本原因。根据内容需要和本书的研究观点，在涉及相关概念时，本书一般使用"品牌价值"这个术语。

品牌资产和品牌价值的概念及模型还没有统一的认识。品牌价值的来源，可以从企业资产、顾客和利益相关者三个视角去认识。

企业资产角度的品牌资产理论从企业财务角度出发，把品牌当作企业自身的一项无形资产进行评估和研究，较有影响的品牌资产模型有阿克模型（1991）、Interbrand 模型、西蒙和萨利文模型。阿克模型将品牌资产的构成要素分为品牌忠诚度、品牌知名度、品牌认知度及品牌认知度之外的品牌联想和品牌资产的其他专有权五类。

顾客角度的品牌价值理论认为，品牌之所以对企业和经销商有价值，是因为能给顾客带来价值。如凯勒（2001）提出了基于顾客的品牌资产概念和模型，就是从顾客和品牌的关系角度来认知品牌价值的内涵及其来源。

利益相关者视角的品牌价值理论（或者称"品牌价值思想"，因为还没有系统理论出现）认为，品牌之所以有价值，是因为它能给利益相关者创造价值。持这种思想的学者，如邓肯等（1997）提出了利益相关者"价值域"的概念，认为品牌资产是企业的利益相关者对品牌的支持度积累起来的结果，品牌不仅存在于顾客心中，更存在于利益相关者的互动与反馈过程中；菲斯克（Fisk，2002）认为，一个组织中存在多种价值系统，如组织价值、员工价值、品牌价值、顾客价值、企业价值、股东价值等，其中品牌价值是企业全部价值系统的磁力中心；克里斯托弗等（Christopher et al.，2002）提出，用关系营销整合质量、顾客服务和营销为顾客、组织等利益相关者创造价值。品牌权益和品牌价值创造不再是仅仅通过品牌和顾客两者之间的二重互动关系，也可以通过包括利益相关者在内的多重关系结构来实现。

本书研究利益相关者视角下的品牌关系质量，在品牌价值问题上，坚持利益相关者视角的价值观，并对品牌价值定义为：品牌价值是组织品牌与利益相关者之间彼此满足对方利益和价值需求的价值承诺。

第二节　利益相关者相关概念界定

一　利益相关者定义综述与本书界定

前文综述了利益相关者理论发展的历史，本部分对利益相关者的定义做一回顾，并给出本书中的利益相关者定义。

著名利益相关者研究学者米切尔（1997）对前人的研究进行了总结，梳理了1963—1995年关于"利益相关者"定义的主要观点，成为被广泛引用的最经典的利益相关者定义综述（见表1-3）。

表1-3　　　　　　　　　　　　　利益相关者定义一览

作者	利益相关者定义
斯坦福备忘录 （Stanford memo, 1963）	利益相关者是这样的群体，没有它们的支持，组织就无法生存
瑞安曼（Rhenman, 1964）	依靠企业来完成其个人目标，企业也依靠他们维持生存
阿尔斯特德和杰努凯伦 （Ahlstedt and Jahnukainen, 1971）	他们被自己的利益和目标驱动而成为企业的参与者，因此，他们必须依靠企业。同样，企业也必须依靠他们
弗里曼和希德 （Freeman and Heed, 1983）	宽泛定义：能够影响组织目标的实现，自身也受组织实现其目标活动的影响；窄的定义：组织为持续生存所依赖的群体
弗里曼（1984）	能够影响组织目标的实现或能够受到组织实现目标活动的影响
弗里曼和吉尔伯特（1987）	能够影响企业或者是被企业影响
康奈尔和夏皮罗（1987）	对企业有"契约"请求权

续表

作者	利益相关者定义
埃文和弗里曼（1988）	对企业中有"赌金"或者有（利益）要求权
吉尔伯特和弗里曼（1988）	其权利因企业活动而受到伤害或尊重，能获益或受伤害
鲍伊（1988）	没有他们的支持，组织就无法生存
阿尔克哈法吉（1989）	是那些公司对他们负有责任的群体
卡罗尔（1989）	在企业中具有不等的"赌金"，对企业有利益要求或者对企业资产有法定权利要求
弗里曼和埃文（1990）	与企业有契约关系
汤普森等（1991）	与组织存在关系
萨维奇等（1991）	在组织活动中具有利益，并且有能力影响组织
希尔和琼斯（1992）	对企业有合理的要求权的"选民"；通过交换关系而建立起来，能给企业提供关键性资源（贡献），期望获得利益而得到满足
比恩纳（1993）	与组织有合法的、不寻常的关系，比如，交换和交易关系、行为的接触或道义上的责任
卡罗尔（1993）	在企业中投入一种或多种"赌注"，可以影响企业或者被企业影响
弗里曼（1994）	合作价值创造的人力活动的参与者
威克斯等（1994）	与企业互动，并赋予企业一定的含义和定义
兰特里（1994）	企业对他们的福利承担重要的责任，他们对企业有道义或法律上的要求权
斯塔里克（1994）	能够且正在向企业投入实在的"赌注"，可能会受到企业的影响或潜在的影响
克拉克森（1994）	在企业中投入一定形式的资产、人力或资金，或一些有价值的东西，并承担了一定形式的风险和后果，或因企业活动的结果而承担风险
克拉克森（1995）	对企业及其活动拥有要求权、所有权、权利或利益
纳西（1995）	他们与企业互动，才使企业运作成为可能
布伦纳（1995）	能够影响企业或组织，又能被企业或组织所影响
唐纳森和普雷斯顿（1995）	在企业活动的程序和（或）实质性内容中拥有合法利益的个人或群体

资料来源：Mitchell, R. K., A. R. Agle and J. Wood, "Toward a Theory of Stakeholder Identification and Salience: Defining the Principle of Who and What Really Counts", *Academy of Management Review*, Vol. 22, No. 4, 1997, pp. 853－886。

　　米切尔（1997）综述了 1995 年以前的主要利益相关者定义，1995 年之后，又有许多学者展开了利益相关者问题的研究，如戴维森（2004）曾给出"利益相关者在组织中享有其利益，或者对组织有影响"的定义，这些定义一般没有超出米切尔综述的这些概念范围，本书不再赘述。参考前人关于利益相关者的定义和理论，结合本书的研究需要，本书给出品牌关系中利益相关者的定义：品牌关系中的利益相关者是指在企业品牌经营管理活动中与组织品牌产生相互影响的任何组织或个人，一般包括企业的顾客、管理者、企业员工、股东（投资者）、供应商、分销商、竞争者、社会公众、金融机构、媒体、政府、社会团体等。企业品牌的利益相关者归纳如图 1－1 所示。

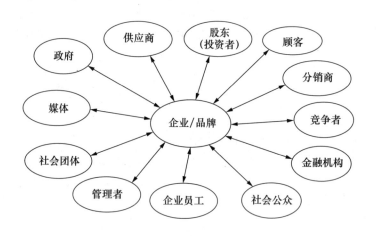

图 1－1　公司品牌的利益相关者

二　品牌关系的主要利益相关者界定

　　本书通过对现有的文献查阅，对顾客管理社会和员工访谈，对企业管理专家调研等多种渠道，一共收集了 20 余种对企业品牌有一定影响的利益相关者，他们是顾客、分销商、股东（投资者）、供应商、管理者、企业员工、金融机构（如银行等）、政府、社会公众、社会团体（如环境保护组织、消协等）、自然环境、媒体（如电视、报纸、网络等）、工会、竞争者、社区（企业所在社区）、企业形象代言人、债权人、合作者（如科研机构、管理咨询公司）、教育机构、外国政府等。本书的研究将主要在这些利益相关者中进行考察，由于在国内外学术研究中，利益相关者名称和包含的具体对象不完全统一，为了研究方便，本书对以上利益相关者的名称、概念和包含范围界定如下：

顾客，主要是指作为最终顾客的个人和家庭。

分销商，是指分销渠道里的中间环节，在生产商与顾客之间"专门媒介商品交换"的组织或个人。主要包括批发商、零售商、代理商和经纪人等。

股东（投资者），是指投入资金购买某种资产以期望获取利益或利润的自然人或法人。为了研究方便，本书把投资者和股东视为同一概念。

供应商，是指向企业及其竞争者提供生产经营所需资源的企业或个人，包括提供原材料、零配件、设备、能源、劳务及其他用品等。供应商所提供的原材料数量和质量将直接或间接影响企业的生产成本以及产品的数量和质量。

管理者，是指在企业中行使管理职能，为实现组织目标，指挥和协调他人完成具体任务的人，其工作绩效的好坏直接关系着组织的绩效。

企业员工，企业的雇员。是指接受管理、完成企业具体任务的一般员工。

金融机构，是指从事金融服务业有关的中介机构，主要包括银行、证券公司、保险公司、基金公司、信托公司等。

政府，是指国家政权机构中的行政机关，本书所说的政府是指本国政府，包括各级别和各部门政府机关。

社会公众，广义的公众是指对企业实现目标的能力具有实际或者潜在利益或影响力的任何团体和个人，包括融资公众、媒介公众、政府公众、社团公众、社区公众、一般公众和内部公众等。狭义的公众则是指一般公众（一般社会公众），本书所说的公众是指狭义的公众。

社会团体，是指公民自愿组成、为实现会员共同意愿、按照其章程开展活动的非营利组织。如行业协会、环境保护组织、顾客保护协会、动物保护组织等。由于工会组织的特殊性，本书单独作为一个利益相关者，而没有纳入社会团体之中。

自然环境，是指影响企业品牌的各种自然因素的总和，如地理位置、气候、水、矿产资源、植物、动物等。

媒体，是指传播信息的介质、载体或平台，如报纸、电视、杂志、网络等。

工会，是指中国企业的工会组织。中国工会是职工自愿结合的群众组织，是会员和职工权益的代表。

竞争者，是指为企业提供相同或类似产品或服务的组织和个人。

社区，是指一定的地理区域范围内的社会成员，以居住环境为主体，创造和遵循社会规范、行使社会功能的区域。本书主要考察企业所在社区。

企业形象代言人，是指为企业或组织的营利性或公益性目标而进行信息传播服务的特殊人员，企业一般选择个性特征与企业个性相一致的公众人物作为企业或产品形象代言人。本书所说的形象代言人包括企业形象代言人和产品形象代言人。

债权人，是指给企业提供贷款（借款）的机构或个人和以出售货物或劳务形式提供短期融资的机构或个人。本书中，由于银行被纳入金融机构，本债权人特指银行以外的商业债权人。

合作者，本书中的合作者是指与企业进行互惠合作，进行研究开发、技术或管理咨询服务的机构。如科研机构、管理咨询公司等。

教育机构，是指为企业提供人才或者对员工和管理人员进行教育或培训的机构。本书中的教育机构特指培养人才的大中专院校或培训机构。

外国政府，是指品牌拥有企业母公司所在国之外的其他国家的各级政府部门。

第三节　品牌关系与互动的多学科理论基础

作为品牌理论前沿的品牌关系理论，最初是基于社会心理学中人际关系理论而产生的，然而，随着学科之间的融合和发展，品牌关系理论的成长应该寻求更为广阔的理论基础。品牌关系的形成机理中有两个核心概念——"关系"和"互动"，然而，当前的研究——无论是理论还是实证，多是囿于对品牌关系心理维度的探讨，其实，在当前的经济学、社会学和管理学等理论中都有"关系""互动"的"影子"存在。

随着品牌关系研究的深入，对品牌关系主体、品牌关系构建与维护、品牌关系评价等方面不断有新的观点出现，而这些研究都是在品牌关系主体之间的"互动"基础上展开的，品牌关系主体间的互动被认为是品牌关系产生的来源和生成的内在机理，但目前的研究很少有对品牌关系互动的理论基础进行研究和总结。本书在界定品牌关系主体的基础上，从社会学、经济学、管理学和心理学等多学科角度对品牌关系互动的理论基础进行初步探讨。

一　社会学视角下的品牌关系思想

经济现象和社会现象密切相关，组织和品牌是一种经济现象，也是一种重要的社会现象。如今，经济学、管理学和社会学出现越来越明显的相互借鉴、相互融合的趋势。在最近十几年里，经济学最活跃的领域几乎都和社会现象紧密相关，交易成本学派的产生和博弈论的发展也显示出经济学家日益关注人际互动、社会规范以及社会学视野下的组织治理机制等问题（徐忠爱，2009）。

社会学是对人类社会一般规律的认识。马克思在分析社会关系时说："社会是人们交互作用的产物。"品牌关系本质上是社会关系中的一种，互动则是其具体表现形式，品牌关系互动的研究离不开社会学分析。一般认为，德国社会学家齐美尔在1908年所著的《社会学》一书中最早使用了"社会互动"一词。所谓社会互动，是指个人与个人、个人与群体、群体和群体之间借助特定的传播媒介而相互作用的过程；它既是人的社会行为的本质特征，也是社会存在的基本形式（范和生，2005）。品牌关系的互动既然是社会互动的一种，那么就可以依据社会互动理论来解释、研究和管理品牌关系。目前，社会互动理论主要包括社会交换理论、社会网络理论、社会资本理论、社会契约理论等多个理论流派。

（一）社会交换理论

社会交换理论起源于20世纪50年代末期，当时学者尝试以"科学"视角去研究人际关系行为，它以经济交易作类比，将人类的社会互动视为一种包括有形和无形资源的交换过程，在对人类社会互动的动因、机制、模式、本质、社会互动与宏观社会组织之间的关系的诠释方面，具有独到的见解（Uehara，1991）。

社会交换理论认为，社会互动实质上是互动主体间交换奖赏（如金钱、社会赞同、尊重和服从等）和惩罚的过程，这种交换行为不仅存在于市场关系之中，也存在于包括友谊、爱情在内的多种社会关系之中（范和生，2005）。品牌和利益相关者之间通过互动，彼此都能得到自己的权利或利益的满足（或者能够避免或回避惩罚）。当然，这种权利或利益并不全是经济利益，也包括感情、赞赏、忠诚、支持等社会或心理收益，同时，这种利益也不一定局限于个人利益，有时候可能是公共利益，如政府或顾客保护组织对违反法律或者商业伦理的品牌所采取的监视、批评或惩罚措施。

社会交换和经济交换虽然都是交换行为，但两者有着本质的不同。一般来说，经济交换中往往伴随着社会交换的成分，经济交易行为可以带来社会交换行为，社会交换也可能带来经济交换。品牌关系首先是一种社会关系，它的产生可能与品牌商品交换行为有关（如品牌与顾客的关系中可能存在商品交换关系，但品牌关系本质上却是心理和社会现象），也可能脱离经济交换而独立存在（如品牌与社会团体、媒体等的关系）。因此，品牌关系仍然属于社会交换理论解释的范畴，品牌关系的提出本身就是解释品牌关系主体之间的情感（态度）互动，而不是纯粹的经济交换关系和互动。

（二）社会网络理论

社会网络理论是 20 世纪 40 年代初进入出现，并在最近 20 多年里得到重要发展的西方社会学的一个重要分支。20 世纪 90 年代以后，学者开始把社会网络理论运用于企业研究领域，比如用于描述和测量行动者之间的关系以及这些关系流动的各种信息和资源等。

关于社会网络的概念，目前，尚无统一的定义，威尔曼（Wellman，1988）认为，社会网络是由某些个体（个人、组织等）间的社会关系构成的相对稳定的系统。在社会网络分析中，"网络"是联结行动者的一系列社会联系（联结）或社会关系。社会网络是社会行动者及其之间的关系网络的集合，是由个体之间的社会关系所构成的相对稳定的体系。这里，个体既可以是个人、组织，也可以是区域或国家，个体之间的关系既可以是人际关系，也可以是交流渠道、商业交换或贸易往来。社会网络分析是一种新的社会科学研究范式，它的出现为品牌关系的研究提供了一种新的分析工具和研究方法。越来越多的研究表明，品牌关系是描述和研究品牌与顾客以及其他利益相关者之间组成的复杂的关系网络中主体之间的关系。在品牌关系的社会网络分析中，行动者（节点）是指组织品牌本身和企业员工、股东（投资者）、供应商、顾客、分销商、竞争者、金融机构、媒体、政府、社会公众等利益相关者。

（三）社会资本理论

社会资本理论是在社会网络研究基础上进一步深入研究的成果。一般认为，社会资本的概念是法国学者皮埃尔·鲍迪厄（Pierre Bourdieu）于20世纪70年代提出来的。美国著名华裔社会学家林南（N. Lin）在社会网络研究基础上提出了社会资源理论，又在社会资源理论基础上展开社会资本的研究，他认为，资源不但可以被个人所占有，同时也嵌入社会网络之中，可以通过关系网络摄取。社会资本就是行动者在行动中获取和使用的嵌入进社会网络（关系）中的资源（如权力、财富、声望等），这些资源并不为个人所直接占有，而是通过个人的直接或间接的社会关系来获取，个体社会网络的性质、网络成员的地位、个体与网络成员的关系力量决定着个体所拥有社会资源的数量与质量。① 从社会网络和社会资本理论来看，品牌关系本身并不能给企业带来价值，它就是一种蕴藏在关系中的一种资源和资本，企业可以通过这种品牌关系网络，而获得收益，品牌关系本质上是一种社会资源和社会资本。

（四）社会契约理论

社会契约论的思想和理论由来已久，最初主要被用来说明国家的形成以及国家存在的道德正当性、合法性。近年来，社会契约理论开始被用来研究企业的社会责任。20世纪90年代中期，唐纳森和邓菲（Donaldson and Dunfee）用社会契约论分析评价企业行为和公众对企业行为的期望，提出企业综合社会契约论，将企业社会责任和企业利益相关者的利益要求统一起来。

社会契约理论认为，企业是社会系统中不可分割的一部分，是利益相关者参与的一系列契约的联结，是利益相关者显性契约和隐性契约的载体。企业组织是通过与社会建立契约而获得合法性的。企业社会契约理论强调企业对社会各利益相关者的责任和承诺，如果企业对其利益相关者的合理利益要求不做慎重的考虑并尽量满足的话，那么企业就不可能持续发展。

品牌既是一种经济现象，也是一种社会现象。在品牌关系中，品牌与利益相关者之间不仅有经济契约，也存在一种社会契约。品牌关系的社会契约包括品牌与企业内部的员工、管理者和股东（股资者）等之间的内部社会契约和品牌与顾客、分销商、供应商、媒体、社会公众等外部利益

① ［美］林南：《社会资本——关于社会结构与行动的理论》，张磊译，上海人民出版社2005年版，第42—44页。

相关者之间的外部社会契约。尽管契约双方对对方行为都有所期待，契约本身对双方都有一定的约束力，但是，企业综合性社会契约理论主要是探讨社会契约如何约束企业行为、企业如何满足利益相关者的需求和期望以及承担相应的社会责任的。在企业品牌营销中，在品牌和顾客、其他利益相关者的互动中，广泛地存在除法律和经济合同之外的社会契约。比如，一般来说，对于企业品牌，顾客是最重要的利益相关者，它是企业产品价值实现和利润获得的直接来源。在品牌关系的互动中，顾客期望企业产品和品牌形象好、产品和服务质量高、品牌能够给顾客带来价值、能够获得需要的商品和消费信息、能够得到消费知识等。品牌与内部员工之间，除显性的经济契约，比如，岗位工作时间、工作内容、薪酬标准等明确的合同之外，还有一些隐性契约，比如，企业员工期望企业和品牌能给自己带来事业的发展、较高的报酬、体面的社会形象和社会地位。当然，企业也期望员工能够维护企业品牌形象，善待顾客和其他利益相关者。

二 经济学视角下的品牌关系思想

组织活动（包括品牌在内）一直是经济学所关注的重要内容，其中，制度经济学和博弈论对解释组织及有关主体之间的互动关系最为引人注目。

（一）制度经济学

出乎很多人意料，2009 年诺贝尔经济学奖授予了两位制度经济学家。此次诺奖的评选结果再次肯定了新制度经济学的学术地位，显示了经济学与其他社会科学学科交叉和融合的强大生命力（张若斌，2009）。

制度经济学重视对非市场因素的分析，比如制度因素、法律因素、历史因素、社会和伦理因素等，把人与人之间的关系作为研究起点，强调立足于个人之间的互动来理解经济活动。其代表性人物康芒斯（Commons，1934）在其《制度经济学》中对制度、关系、组织等有过详细的论述。

科斯教授 1937 年发表了那篇著名的论文《企业的性质》，标志着新制度经济学的诞生。几十年之后，新制度经济学得以快速发展，其出现被称为经济学的一场革命。新制度经济学中的交易费用、产权理论、契约理论、企业理论、委托—代理、合作与互惠制度、集体行动问题、道德风险、交易成本、逆向选择与竞争等理论可以用来解释企业和利益相关者之间的行为与关系。甚至主流经济学无力解释的现象都可以用制度经济学解释，比如利益相关者之间的"外部性"问题。

（二）博弈论

博弈论是一种关于决策和策略的理论，适合分析一切涉及对抗和合作的行为。博弈论思想古已有之，我国古代著名军事著作《孙子兵法》算得上最早的一部博弈论专著。1928年，冯·诺伊曼（J. Von Neumann）证明了博弈论的基本原理，宣告了博弈论的正式诞生；1944年，他又与合作者共同完成了划时代的巨著《博弈论与经济行为》。传统经济学忽视了经济个体之间或者经济中各方面的相互反应和作用，常常在假设经济个体的行为和决策不会影响其他个体行为和决策的前提下分析问题。然而，随着环境的变化，经济内部企业之间、企业和顾客之间、企业和政府之间、企业和上下游企业之间相互依存、相互制约不断加强，传统经济学面对这种状况解释乏力，博弈论的出现提供了解决这类问题的一个有效工具（谢识予，2002）。

博弈论在进行分析应用时，涉及参与者、策略、次序和得益四个要素。根据相互发生作用的当事人之间是否具有约束力的协议，博弈可以分为合作博弈和非合作博弈；根据行为的时间序列性，博弈可以分为静态博弈和动态博弈；按照参与人对其他参与人的了解程度，博弈包括完全信息博弈和不完全信息博弈。目前，在经济学领域研究和应用较多的是非合作博弈。如今，博弈论成了一种经济学、管理学和社会学等学科研究中被广泛使用的有效的研究工具和方法，一些学者用博弈论方法研究企业竞争者之间的竞争与合作关系、渠道成员之间的博弈关系，其同样适用于分析品牌关系主体之间在互动中的竞争与合作行为。

三　管理学和营销学视角下的品牌关系与互动

品牌问题本身是管理学和营销学中的一个问题，品牌关系的研究同样离不开这个理论生长的土壤。

（一）组织理论

组织理论认为，组织是与环境互动的（资源和市场依赖、相互影响和制约），其中，环境是指对组织绩效起着潜在影响的外部机构或力量。企业组织是一个开放的系统，组织与其外部环境之间的信息和物质相互交换，这种相互交换关系是组织变化和绩效的关键因素，组织与环境的关系问题一直是组织理论的核心议题之一（费显政，2005）。资源依赖理论是组织理论的一个重要理论流派，萌芽于20世纪40年代，在70年代以后被广泛地应用到组织关系的研究中。其主要观点是：组织生存的关键是能够获得资源，组织自己通常不能生产这些资源，组织必须与它所依赖的环境因素互动来获得资源，而有效获得资源的前提是组织具备环境关系管理能力，组织又是一个不同利益群体组成的联合体，每个利益群体都有自己独特的偏好和目标，并试图从组织内的互动以及组织与环境的互动中完成自己的目标，取得自己的利益，组织的环境管理必须要注意这种需求和差异（费显政，2005）。

从本质上讲，"管理既是环境的产物又是其过程"。企业管理活动是在既定目标下的环境管理活动。沿着资源依赖论，管理学者对组织环境研究不断深入，当前被广泛认可的观点包括：企业环境包括内部环境和外部环境，它是影响企业管理决策和生产经营活动的各种现实因素的集合，企业内部环境与外部环境、企业环境各构成要素以及环境与企业之间是相互影响的动态关系（赵锡斌，2004）。品牌的利益相关者不外乎以品牌视角观察的企业内外部环境因素中的一些具有能动性的主体，品牌经营管理所依赖的资源来自环境，其管理绩效很大程度上取决于对其利益相关者的管理水平。

（二）公共关系理论

"公共关系"一词，最早出现于19世纪初，其理论出现在20世纪20年代，成熟于20世纪中期，20世纪70年代以后，公共关系理论进入创新发展时期。在营销中，公共关系被认为是一种促销手段。美国营销学者珀图拉等（Perttula et al.，1995）认为，公共关系的目标是设法影响公众对企业的看法，其目标是促进与不同公众包括顾客、雇员、供应商、股东、政府、一般民众、工会等的良好关系。公共关系与其他促销手段（广告、营业推广与人员推销）相结合，能显著提高品牌知名度，塑造品牌形象，建立有利于品牌价值提高的公众态度以及鼓励顾客的购买行为（卢山冰，2003）。公共关系理论把企业利益相关者纳入公关对象和范围，其传播和沟通行为是品牌关系建立与发展的重要手段。

（三）市场营销学理论

品牌理论属于市场营销学范畴。20世纪80年代以来，为了迎合营销环境的变化，营销学出现了一些新理念和新理论，诸如关系营销、整合营销、全方位营销等。这些营销新理论的一个共同特点，就是强调企业不仅仅要把顾客作为营销工作的对象，同时也不仅仅是由企业营销部门来承担营销职能和任务，更重要的是，各种理论都认识到企业与利益相关者之间具有休戚与共的关系，因而把企业内外部利益相关者纳入营销学研究和实践范围。在品牌关系研究中，当然，也离不开关系营销、整合营销和全方位营销理论的支持。

（四）利益相关者理论

利益相关者理论起源于 20 世纪 60 年代，其后主要被应用于企业社会责任、企业战略、公司治理等领域的分析和研究，后来引起了营销领域的关注，关系营销、整合营销和全方位营销都把有关利益相关者纳入考察范围。近年来，在利益相关者理论在品牌关系领域也引起了重视，如美国学者邓肯（1997）提出了基于利益相关者的品牌关系和品牌价值模型，我国学者张燚和张锐等对利益相关者视角下的品牌关系模式进行了分析，提出了四种品牌—利益相关者之间的互动关系模式，即品牌与利益相关者的"一对一"互动关系、员工（部门）与利益相关者的互动关系、品牌利益相关者之间的人际关系和品牌利益相关者的角色重叠关系，并对其互动关系特征进行了系统分析（张燚等，2008）。关于利益相关者理论，前文已经做了较多论述。此处不再赘述。

（五）商业生态学

商业生态学是借鉴生态学理论建立起来的理论。1996 年，詹姆斯·F. 穆尔（James F. Moore）研究了存在同一商业系统中的、相互依存的"商业物种"的共同进化现象以及这一物种进化对整个商业生态系统进化的重要作用，提出了新时代商业竞争的竞合法则和商业生态系统的概念，建立了商业生态系统理论。品牌关系系统也是处于商业生态系统中的一个子系统，其运行和行为需要考虑其他系统及成员。我国学者王兴元、张燚和张锐等对生态系统视角下的品牌现象做了研究。利益相关者是品牌生态系统中的重要成员和组成部分，商业生态系统理论也是品牌关系分析的重要基础。

（六）企业网络理论

20 世纪 70 年代以来，随着经济全球化和信息技术的迅速发展，企业经营环境发生了巨大的变化，越来越多的企业开始认识到单凭一个企业自身的力量已经很难适应新形势下的市场竞争环境，为了求得生存，谋求发展，一些企业开始对企业的竞争关系进行战略性调整，纷纷从对立竞争走向合作竞争，旧的企业之间的竞争模式在新竞争环境下演化为网络层面的对抗与合作，相继出现了虚拟企业、战略联盟、特许经营、供应链伙伴关系等企业网络形式（徐忠爱，2009；许小虎、项保华，2006）。企业网络理论研究的由早期的对传统的企业理论的质疑，发展到后来战略学者、社会学者的加入，开始在融合多学科的基础上以经济学、战略理论、社会学为主要维度融合发展。

企业网络是处于市场治理和企业治理之间的中间治理机制，是现代企业联结关系的一种基本形式，是一种组织之间的协调，通过加强企业之间的协调来提高市场反应速度（刘东，2003）。在企业网络中，企业成为嵌入企业网络的一个节点，其生产经营都需要和相关企业（其他节点）互动，品牌是企业经营中的一个重要方面，品牌关系也是在企业网络中存在和发展的，而这个网络成员则是其部分利益相关者成员。

（七）企业的伦理和社会责任理论

企业社会责任的概念起源于 20 世纪早期的美国，它认为，企业就像生活在社会上的个人一样，其行为应该遵循一定的伦理道德和行为规范。利益相关者理论出现以后，企业社会责任理论和利益相关者理论结合起来，强调企业也要对股东以外的利益相关者承担一定的社会责任，包括遵守商业法规和商业道德、保障生产安全、保证员工职业健康、保护利益相关者的合法权益、保护环境和支持慈善事业等（田虹，2006）。经过数十年发展，企业社会责任思想和理论已经影响到全球大多数经济体，越来越多的企业加入进来。从企业社会责任理论来看，遵循商业道德和履行社会责任是组织品牌与利益相关者互动的动因之一。

四　心理学视角下的品牌关系与互动

社会学、经济学和管理学的诸多理论中都有心理学理论的渗透。品牌关系最初的理论来源——人际关系理论本身就归属于社会学和心理学的交叉理论——社会心理学。心理学理论中的认知、情感和态度、个性等概念一直是品牌理论研究中的重要理论依据。在品牌关系的衡量中，大多都是基于心理学理论，用心理学概念、术语来描述和评价品牌关系，比如，品牌关系测量的人际关系成分法就是把人际关系中的心理和行为成分作为维度标准。代表性成果如福尼尔（1994，1998）把品牌关系质量分解为六个维度（行为依赖、依恋、亲密、爱与激情、个人承诺和伙伴质量）进行观察和实证研究；周志民等（2004）提出了三维度模型（认知、情感和忠诚）；何佳讯（2006）开发的六构面的中国本土化品牌关系质量模型（社会价值表达、信任、相互依赖、承诺、真有与应有之情、自我概念联结）等。另外，在品牌关系研究中，心理学中的需求和强化理论可以用来分析品牌关系互动中的利益相关者行为动因和激励因素。

近年来，心理契约理论被越来越多地用于解释企业和相关利益主体之间的关系。陈加洲等（2001）认为，在组织的建立、发展和变革中，作为一个整合性的概念，心理契约是最能反映组织变化的核心因素。一般认为，心理契约是由 1960 年美国组织心理学家阿吉里斯（Argyris）最先提出的，他用"心理的工作契约"来说明雇员与雇主之间的关系。美国管理心理学家沙因（Schein）进一步界定了"心理契约"的概念，认为心理契约是组织成员与其所在组织之间存在的一组不成文的期望。后来，卢梭（1990）等进一步提出和发展了狭义上的"心理契约"，认为心理契约是组织员工个体和组织双方相互承诺义务的一种理解或信念。目前，基于这种狭义的心理契约应用研究比较广泛。

到目前为止，心理契约应用研究最多的是员工和组织之间的关系，有少数学者开始尝试用在品牌研究上，如游士兵等（2007）研究了品牌关系中顾客心理契约的感知与测度；贺爱忠等（2008）讨论了品牌关系生命周期中顾客品牌信任与心理契约的建立；余可发（2009）研究了基于心理契约的品牌与顾客关系维系；李敬强（2008）研究了基于心理契约的品牌危机；谭艳华（2007）和王海莲（2008）探讨了雇主中的心理契约问题。在品牌研究上，心理契约目前主要用于探讨品牌和顾客之间的关系以及雇主品牌与员工之间的关系，然而，心理契约是否适合分析品牌与所有利益相关者之间的心理契约关系？以及该如何分析？都有待进一步探讨。

从以上分析中不难发现，品牌关系互动理论涉及的学科之间经常出现概念和理论借用现象，这种学科的交叉融合，已经成为一种趋势。一些组织管理理论文章发表在社会学期刊上，一些社会学论文发表在经济学或管理学期刊上，心理学论文发表在管理学期刊上，已经司空见惯。

正如科斯所言：人们一般认为，新制度经济学的诞生是以我那篇《企业的性质》论文的发表为准……不聚小溪无以成江海，理论的积累发展尤为如此。在此，我不仅仅只想到了经济学家……对新制度经济学的贡献……我要特别提及的是在其他学科领域，如法学、人类学、社会学、政治学以及生物学等同行的工作对新制度经济学的重大贡献。[①] 同样，品牌

---

① ［美］科斯、诺思、威廉姆森：《制度、契约与组织——从新制度经济学角度的透视》，刘刚等译，经济科学出版社 2003 年版，第 10 页。

理论的研究也离不开经济学、管理学、社会学、心理学等学科领域的理论贡献。学科之间交叉融合，使品牌理论有了更为肥沃的成长土壤，它们将共同推动品牌理论和品牌关系理论的发展。

本章小结

本章首先简单地回顾了品牌理论发展轨迹，然后对品牌内涵和本性的多种观点进行了梳理，在此基础上，对品牌、品牌关系、品牌价值和品牌关系质量等相关概念进行了界定；然后在利益相关者概念综述的基础上，对品牌关系的利益相关者的概念进行了界定，并对调研获得的 20 种准备深入研究的具体利益相关者概念进行了界定；最后，对品牌关系与互动的理论基础从社会学、经济学、管理学和心理学等学科中的相关理论进行了提炼和综述。

第二章 品牌利益相关者属性识别与研究边界确定

第一节 研究概述

利益相关者受企业品牌行为影响，同时其行为又影响企业品牌，不同利益相关者对企业品牌影响程度和影响方向各不相同，不能对其"等量齐观"而要"分类治理"。另外，企业品牌相互影响的企业利益相关者种类和数量众多，难以全部纳入研究范围，不少研究者就是因为研究范围较大而望而却步。因此分析利益相关者属性，合理分类，界定研究边界，是对利益相关者进一步研究的前提之一。确定企业品牌关系中利益相关者的属性和边界是对品牌关系管理的重要内容，是本书下一步研究的基础。

本章研究思路如下：

首先，确定研究问题，然后从文献资料和专家访谈中广泛检索、收集利益相关者种类。本着"宁多毋漏"的原则，做到尽可能把对企业品牌有一定影响的利益相关者种类收集完整。

其次，对广泛收集的利益相关者进行筛选，方法为采用"专家意见法"进行评选，挑出部分公认的较为重要的利益相关者（本书称为品牌关系的重要利益相关者），然后对初步挑选的利益相关者，进行属性调查和主要利益相关者识别，理论依据是著名学者米切尔（1997）提出的利益相关者"三个属性"分类法。

再次，采用问卷调查收集资料，然后用统计软件 SPSS 进行统计分析。

最后，实现品牌关系中的利益相关者属性识别和主要利益相关者（本书也称为品牌关系的核心利益相关者）界定，即后续研究边界界定。

本章研究思路和方法如图 2 – 1 所示。

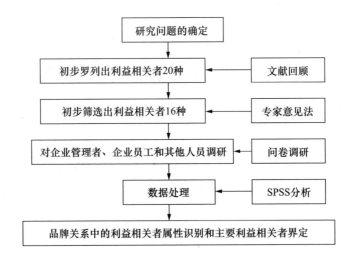

图 2 – 1　本章研究思路和方法

第二节　品牌关系利益相关者初步筛选

本书通过文献查阅和实地调研等多种渠道，一共收集了 20 种对企业品牌有一定影响的利益相关者，它们是顾客、分销商、股东（投资者）、供应商、管理者、企业员工、金融机构（如银行等）、政府、社会公众、社会团体（如环境保护组织、消协等）、媒体（如电视、报纸、网络等）、工会、竞争者、社区（企业所在社区）、企业形象代言人、债权人、合作者（如科研机构、管理咨询公司）、教育机构、自然环境、外国政府等。对于他们的定义和范围，在第一章中已经做了界定，本章要对这 20 种利益相关者进行初步筛选，淘汰对企业品牌影响较小的利益相关者，找出影响较大的利益相关者，作为下一步研究的对象。

采用专家评分法，初步筛选企业品牌关系利益相关者，从管理学学者和管理咨询公司咨询师中调查了 26 名专家，在明确调研目的和基本概念之后，在给定的 20 种备选利益相关者名单中，选出他们心目中与企业品牌相关的利益相关者，数量不受限制（品牌关系中利益相关者筛选评分表见附录一）。专家选择情况见表2-1。从表中可以看出，专家认可度最高的是顾客、企业员工、管理者、分销商、社会公众等，而教育机构、工会、自然环境、外国政府认可度比较低。

表 2-1　　　　　　　　品牌关系利益相关者筛选的专家评分结果

利益相关者	入选数（个）	入选率（%）	利益相关者	入选数（个）	入选率（%）
顾客	26	100.00	企业形象代言人	15	57.69
企业员工	26	100.00	社会团体	15	57.69
管理者	26	100.00	社区	13	50.00
分销商	25	96.15	金融机构	12	46.15
社会公众	24	92.31	债权人	11	42.31
供应商	22	84.62	合作者	11	42.31
媒体	22	84.62	教育机构	8	30.77
政府	19	73.08	工会	6	23.08
竞争者	17	65.38	自然环境	2	7.69
股东（投资者）	16	61.54	外国政府	1	3.85

以入选率40%为标准，根据专家评选结果，最终选择16种利益相关者作为研究的对象，它们是顾客、企业员工、管理者、分销商、社会公众、供应商、媒体、政府、竞争者、股东（投资者）、企业形象代言人、社会团体、社区、金融机构、债权人和合作者。其后的研究将对这16种利益相关者进行实证分析，以确定属性类别和特征，进而析出品牌关系的核心利益相关者，并把它们作为本书进一步深入研究的对象。

第三节　研究设计

一　利益相关者识别理论综述

对利益相关者的分类方法有多种。如弗里曼（1984）将利益相关者分为对企业拥有所有权的利益相关者、对企业有经济依赖性的利益相关者和与公司在社会利益上有关系的利益相关者；克拉克森（1994）根据在企业经营活动中承担的风险类别，把利益相关者分为自愿利益相关者和非自愿利益相关者，又根据与企业密切程度分为核心利益相关者、战略利益相关者和环境利益相关者，后来，克拉克森（1995）又根据利益相关者与企业的紧密性将利益相关者分为主要利益相关者和次要利益相关者；还有学者根据利益相关者与企业组织的关系，将利益相关者分为内部利益相关者和外部利益相关者；萨维奇（1991）根据利益相关者与企业合作的可能性大小和潜在威胁程度大小，把利益相关者分为混合型（利弊兼有型）、支持型、非支持型和边缘型（无足轻重型）四种。我国学者在国外研究成果的基础上也提出了一些分类方法，如陈宏辉（2003）参照米切尔的"三个属性"理论，把企业利益相关者分为核心利益相关者、蛰伏利益相关者和边缘利益相关者。福利（2005）在研究品牌管理中利益相关者力量时，把利益相关者分为购买者、创办者、建设者和影响者。把在诸多分类方法中，大多是理论研究居多，实证分析所应用最多的是米切尔的"三属性"分类法。

米切尔（1997）在考察了1963—1995年的研究成果中的27种代表性的利益相关者定义后，对利益相关者与企业之间的关系，提出划分利益相关者的三个属性，即合理性（合法性）、影响力和紧急性。合理性（合法性）是指企业所认可的某些利益相关者对某种权益要求的正当性和适切度，即某一群体是否被法律或者道义上赋予拥有对企业的索取权；影响力是指利益相关者对企业具有的造成某种结果的力量或能力，它们拥有能够影响企业决策的地位、能力和手段，有时候，某一利益相关者的某一权益要求不一定具有较高的合理性，但却具有较大的影响力；紧急性是指利益相关者需要企业对他们的要求给予急切关注或回应的紧迫程度，紧急性意味着某些事情是至关重要的，需要在一定的时限内予以解决。三种属性是对利益相关者进行划分的依据，通常它们会出现一定的交叉叠合，基于这三种属性的不同组合，可以划分出不同类型的利益相关者，如图2-2所示，米切尔把利益相关者划分为三类7种。

在米切尔的利益相关者分类中，第一类为确定型利益相关者，这类利益相关者同时拥有对企业某种权益的合理性、影响力和紧急性。第二类为预期型利益相关者，这一类利益相关者拥有三种属性中的任意两种，它又可以分为三种具体情况：（1）对企业拥有合理性和影响力的利益相关者，他们期望能够得到企业管理层的关注，还能够在一定程度上参与企业管理和决策过程，如企业股东和雇员等；（2）对企业拥有合理性和紧急性的利益相关者，他们为实现自己的目的，通常采取联合或者借助政治力量等办法，来影响企业管理决策；（3）对企业拥有紧急性和影响力的利益相关者，这一部分利益相关者对企业没有利益要求的合理性，如环境保护组织和极端主义者。第三类是潜在型利益相关者，是指只拥有三项属性中一项的利益相关者。这一类利益相关者将随着企业的发展运行状况动态变化，在一定时间或者条件下也会可能会拥有其他属性。本书使用米切尔的三维属性分类法作为工具，对企业品牌利益相关者识别进行实证研究，识别出品牌关系的核心利益相关者，并对其进行分类，作为本书研究范围的界定依据，并作为下一步研究的基础。

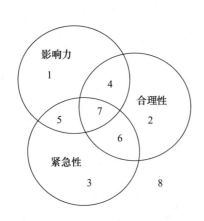

说明：
一、潜在的利益相关者
　1.潜在的利益相关者
　2.任意的利益相关者
　3.苛求的利益相关者
二、预期的利益相关者
　4.显性的利益相关者
　5.可引起危险的利益相关者
　6.依靠的利益相关者
三、确定的利益相关者
　7.确定的利益相关者
四、非利益相关者
　8.非利益相关者

图2-2 利益相关者定性分类

资料来源：Mitchell，R. K.，A. R. Agle and J. Wood，"Toward a Theory of Stakeholder Identification and Salience：Defining the Principle of Who and What Really Counts"，*Academy of Management Review*，Vol. 22，No. 4，1997。

有学者用实证研究验证了米切尔三维属性分类法，并利用其对利益相关者进行分类。如国内学者陈宏辉等（2003，2004）、邓汉慧（2005）等运用三个属性进行企业利益相关者识别实证研究。

陈宏辉、邓汉慧等学者主要是基于公司治理和利益协调角度对利益相关者进行实证研究，本书研究的核心问题是品牌关系质量的评价与管理，本章研究的目的是确认对企业品牌有重要影响的利益相关者范围，在研究视角上有所不同，利益相关者的利益要求也有所差别，本章通过实证研究对品牌利益相关者进行分类。

企业利益相关者种类较多，分类进行调研难度较大，为此，本书采用对在企业工作的企业管理者、职业经理人和企业员工，进行抽样问卷调研，在南京、徐州、上海、北京、重庆等地，对职业经理人、企业管理者和企业员工发放调查问卷（调查问卷样卷见附录二），并对回收的调查问卷进行统计分析。

二　研究目标

本书以初步筛选出的顾客、企业员工、管理者、分销商、社会公众、供应商、媒体、政府、竞争者、股东（投资者）、企业形象代言人、社会团体、社区、金融机构、债权人和合作者16种利益相关者作为下一步研究对象。现有的品牌和利益相关者理论表明，企业品牌与利益相关者之间的关系，表现出以下特征：（1）企业品牌不同的利益相关者在与企业品牌互动过程中的主动性存在差异；（2）企业品牌不同的利益相关者对于企业品牌经营管理的重要性是有差异的，纳入研究范围的16类利益相关者中，对于某一特定的企业品牌而言，有的利益相关者是至关重要的，有的则影响较小；（3）对于特定的企业品牌特定的时点，不同的利益相关者利益要求的紧急性是有差异的。本章研究目标是通过三维分析析出品牌关系核心利益相关者，作为下一步研究的边界和基础。

三　问卷设计与调查

在文献综述和利益相关者初步筛选的基础上，先后对36名企业经理和管理者进行了深度访谈，了解企业品牌利益相关者的构成，并对利益相关者的特征、企业与利益相关者双向需求和期待等情况进行摸底（为了调查方便，本章研究和下一章研究一并进行调研）。

为保证问卷调查结果的信度和效度，问卷中多数问项都来源于其他学者在相关调研中曾使用过的表述，他们在研究中已经做过检验，其他所有问项都通过专家测评确定，在调查问卷设计完成后，首先发放30份问卷进行试调查，然后对问卷进行适当修改调整后，进行正式调查。

调查对象：在南京、徐州、上海、北京、重庆等地，对企业职业经理人、管理者和企业员工进行抽样调查。

调查方式：本部分研究采用随机抽样方式进行抽样，采用问卷调查法进行调查和相关数据收集。

样本选择：对受调查者及其所在工作企业没有特殊要求（对调查企

业品牌以快速消费品生产企业为例，在问卷中予以说明），采用简单随机抽样。通过高校在读 MBA、EMBA、职业经理人协会、在企业从事管理工作的毕业学生的协助，对职业经理人、企业管理者和企业员工进行问卷发放调查，计划抽取 600 人。

问卷设计：问卷内容主要包括三个部分。

第一部分：品牌主要利益相关者的三维属性识别调查。分别从合理性、影响力和紧急性三个属性维度，对给出的 16 种利益相关者进行排序，调查问项的衡量采用李克特（Likert）七点量表，把品牌利益相关者的合理性、影响力和紧急性三种属性作为调查问卷的问项，合理性越高、影响力越大、紧急性越强，得分越高；反之则得分越低。

第二部分：利益相关者对企业/品牌的利益要求和期望调查。列出经过文献分析和企业深度访谈得出的若干条"利益要求条目"，采用顺位式问句，请被调查者排序，调查各利益相关者对企业的需求和期望。

第三部分：企业/品牌对利益相关者的利益要求和期望调查。列出经过文献分析和企业深度访谈得出的若干条"利益要求条目"，采用顺位式问句，请被调查者排序。

第四部分：背景资料。填写者的基本背景信息，包括性别、年龄、在企业工作时间、企业职务、企业性质和企业规模等（问卷详细内容见附录 2）。

数据分析方法：对回收的问卷收集的数据，采用 SPSS 18.0 统计软件进行统计分析和数据处理。本部分研究所用的统计方法和工具主要有均值比较、描述性统计、配对样本 T 检验等。

第四节　统计分析

对调查对象进行问卷发放和回收，共计发放问卷 592 份，实际回收 517 份，回收率为 87.33%，对回收问卷进行整理，有效问卷 416 份，回收问卷的有效率为 80.46%。

一　调查问卷结构特征描述性统计

对调查问卷中样本背景资料中被调查者的性别、年龄、工作年限、职务、企业性质和企业规模等结构特征进行统计，得出结果如表 2-2 所示。

表 2－2   调查问卷结构特征统计（性别和年龄）

	性别		年龄			
	男	女	20—29 岁	30—39 岁	40—49 岁	50 岁及以上
人数（人）	229	183	120	238	46	11
比例（%）	55.6	44.4	28.9	57.3	11.1	2.7

表 2－3   调查问卷结构特征统计（工作年限和职务）

	工作年限					职务			
	1 年以内	1—5 年	6—10 年	11—20 年	20 年以上	一般员工	基层管理者	中层管理者	高层管理者
人数（人）	12	83	208	86	26	92	181	114	19
比例（%）	2.9	20.0	50.1	20.7	6.3	22.7	44.6	28.1	4.7

表 2－4   调查问卷结构特征统计（企业性质和企业规模）

	企业性质				企业规模		
	国有独资或控股企业	股份制企业	民营企业	外资企业	大型企业	中型企业	小型企业
人数（人）	171	75	67	98	211	163	37
比例（%）	41.6	18.2	16.3	23.8	51.3	39.7	9.0

说明：由于本次调查问卷内容较多，问卷填答工作量较大，部分问卷填写不完整，对于一些问卷被调查者背景信息不全，但核心问项都做了填答的问卷，在分析中也作为有效问卷处理。被调查者背景信息缺省情况如下：问项"性别"缺省 4 人，约占有效问卷的 1.0%；问项"年龄"缺省 1 人，约占有效问卷的 0.2%；问项"工作年限"缺省 1 人，约占有效问卷的 0.2%；问项"职务"缺省 10 人，约占有效问卷的 2.4%；问项"企业性质"和"企业规模"缺省都是 5 人，约占有效问卷的 1.2%。

二 利益相关者属性数据统计分析

根据对利益相关者属性问卷调查情况，从合理性、影响力和紧急性三个属性维度对各种利益相关者进行评分。

（一）合理性评分

通过调查问卷回收整理，获得了受试者对企业品牌的 16 种利益相关者的合理性评分资料（问卷中合理性越高，得分就越高），利用统计软件 SPSS 18.0 进行统计分析，首先进行描述性统计，统计结果见表 2－5。

表 2-5 合理性属性评分描述性统计

利益相关者	有效样本（个）	最小值	最大值	均值	标准差
顾客	413	1	7	5.67	1.781
企业员工	412	1	7	5.20	1.681
分销商	414	1	7	5.24	1.499
合作者	413	1	7	4.54	1.831
政府	415	1	7	3.91	2.002
媒体	412	1	7	4.00	2.122
管理者	400	1	7	4.56	1.925
社会团体	400	1	7	4.19	1.891
社区	397	1	7	3.90	2.051
社会公众	414	1	7	5.23	1.741
股东（投资者）	413	1	7	5.37	1.742
竞争者	390	1	7	3.26	1.927
金融机构	406	1	7	4.28	1.765
企业形象代言人	413	1	7	4.20	2.113
债权人	397	1	7	4.94	1.960
供应商	404	1	7	5.45	1.508

　　不能简单地根据表 2-5 中均值大小，来判断某一类利益相关者一定比另一类利益相关者具有更高的合理性，需使用配对样本 T 检验来判断每两个变量的均值之差与 0 是否具有显著性差异，统计分析结果如表 2-6 所示。在表 2-6 中，未加括号的数据为利益相关者在合理性属性上评分的均值与对应的另一利益相关者在该属性上评分的均值之差，括号内的数据是差分的 T 检验值。如果均值差分通过了 95% 或 99% 置信度的检验，则以 * 号或 * * 号作为标注，若无任何标注，表示没有通过检验（下同）。对表 2-6 的检验结果进行综合分析，可以看出，从合理性属性来看，企业员工和分销商、社会公众和企业员工、股东（投资者）和企业员工、合作者和分销商、社会公众和分销商、股东（投资者）和分销商、社区和政府、企业形象代言人和社团、金融机构和社团、供应商和公众等虽然评分的均值不同，但是，这种均值的差异与 0 缺乏显著性差异，其他利益相关者的排序都具有非常显著的或者显著的统计意义上的差别。

表2-6 合理性属性均分差异的配对样本 T 检验结果

	1	2	3	4	5	6	7	8	9	10	11	12	13	14	15	16
1. 消费者																
2. 企业员工	0.455** (5.277)															
3. 分销商	0.438** (6.050)	−0.46 (−0.6)														
4. 合作者	1.132** (9.546)	0.678** (5.66)	0.71** (7.96)													
5. 政府	1.750** (14.30)	1.282** (12.48)	1.338** (12.7)	0.617** (6.13)												
6. 媒体	1.660** (12.42)	1.198** (9.13)	1.244** (10.3)	0.532** (4.88)	−0.083 (−0.78)											
7. 管理者	1.207** (9.57)	0.682** (5.40)	0.706** (6.083)	−0.048 (−0.419)	−0.607** (−5.24)	−4.75** (−4.41)										
8. 社会团体	1.501** (11.54)	1.05** (8.6)	1.06** (8.86)	0.329** (2.84)	−0.235** −2.15	−0.126** (−1.35)	0.354** (5.76)									

续表

	1	2	3	4	5	6	7	8	9	10	11	12	13	14	15	16
9. 社区	1.848** (12.85)	1.05 (8.6)	1.389** (9.85)	0.623** (4.72)	0.060 (0.502)	0.18 (1.54)	0.66** (6.994)	0.293** 3.96								
10. 社会公众	0.428** (4.216)	-0.037 -0.36	0.01 (0.104)	-0.689* (-6.86)	-1.32** (-12.7)	-1.32** (-10.006)	-0.648** (-4.96)	-1.03** (-7.88)	-1.33** (9.62)							
11. 股东 (投资者)	0.300** (3.098)	-0.163 (-1.58)	-0.121 (-1.48)	-0.813** (-7.3)	-1.45** (-11.1)	-1.36** (-9.84)	0.758** -5.624	-1.13** (-8.79)	-1.44** (-9.61)	-0.129 (-1.4)						
12. 竞争者	2439** (16.83)	1.822** (14.03)	1.987** (15.69)	1.286** (11.67)	0.576** (4.7)	0.804** (5.97)	1.236** (9.41)	0.825** (6.97)	0.519** (4.20)	1.889** (16.28)	2.082** (15.171)					
13. 金融机构	1.474** (12.11)	0.884** (7.07)	0.99** (8.84)	0.275* (2.46)	-0.365** (-3.28)	-0.243** (-2.41)	0.302** (3.05)	-0.063 (-7.38)	-3.71** (-3.92)	0.933** (9.219)	1.071** (9.141)	-0.961** (-9.57)				
14. 企业形象代言人	1.463** (11.99)	1.10** (7.76)	1.049** (9.6)	0.35** (2.96)	-0.286* (-2.04)	-0.198 (-1.66)	0.277* (1.88)	-0.05 (-0.354)	-0.375* (-2.47)	1.039** (9.522)	1.165** (9.909)	-1.05** (-10.16)	0.022 0.199			
15. 债权人	0.909** (9.17)	0.309* (2.47)	0.311** (2.88)	-0.405** (-3.34)	-1.00** -6.96	-0.888** (-6.41)	-0.389** -2.67	-0.718** (-5.25)	-0.961** (-6.99)	0.323** (3.04)	0.398** (4.142)	-1.72** (-13.28)	-0.698** (-6.85)	-0.652** (-6.05)		
16. 供应商	0.306** (4.58)	-0.177* (-1.97)	-0.221** (-3.24)	-0.93** (-9.34)	-1.52** (12.9)	-1.44** (-11.09)	-1.02** (-7.79)	-1.30** (-9.94)	-1.59** (-11.36)	-0.161 (-1.96)	-0.1 (-1.27)	-2.22** (-18.86)	-1.27** (-12.39)	-1.22** (13.37)	-0.574** (-7.44)	

（二）影响力评分

通过调查问卷回收整理，获得了受试者对企业品牌的 16 种利益相关者的影响力评分数据，利用统计软件 SPSS 18.0 进行统计分析，首先进行描述性统计，统计结果见表 2 - 7。

表 2 - 7　　　　　　　　　影响力属性评分描述性统计

利益相关者	有效样本（个）	最小值	最大值	均值	标准差
顾客	416	1	7	5.82	1.662
企业员工	414	1	7	5.38	1.591
分销商	416	1	7	5.44	1.470
合作者	414	1	7	4.93	1.649
政府	416	1	7	4.93	1.688
媒体	408	1	7	5.29	1.558
管理者	415	1	7	4.99	1.570
社会团体	414	1	7	4.74	1.620
社区	399	1	7	4.35	1.868
社会公众	413	1	7	5.62	1.651
股东（投资者）	413	1	7	5.19	1.885
竞争者	414	1	7	5.15	1.837
金融机构	415	1	7	4.42	1.800
企业形象代言人	409	2	7	4.91	1.430
债权人	415	1	7	4.58	1.917
供应商	415	1	8	5.00	1.699

不能简单地根据表 2 - 7 中均值的大小，来判断某一类利益相关者一定比另一类利益相关者具有更高的影响力，需使用配对样本 T 检验来判断每两个变量的均值之差与 0 是否具有显著性差异，分析结果如表 2 - 8 所示。在表 2 - 8 中，未加括号的数据为利益相关者在合理性属性上评分的均值与对应的另一利益相关者在该属性上评分的均值之差，括号内的数据是差分的 T 检验值。如果均值差分通过了 95% 或 99% 置信度的检验，则以 * 号或 * * 号作为标注，若无任何标注，表示没有通过检验。对表 2 - 8 的检验结果进行综合分析，可以看出：从利益相关者影响力属性来看，分销商和企业员工、媒体和企业员工、媒体和合作者、管理者和合作者、供应商和合作者、企业形象代言人和合作者、管理者和政府、企业形

表 2-8　影响力属性均分差异的配对样本 T 检验结果

	1	2	3	4	5	6	7	8	9	10	11	12	13	14	15	16
1. 消费者																
2. 企业员工	0.442** (7.224)															
3. 分销商	0.327** (6.743)	-0.053 (-0.183)														
4. 合作者	0.901** (10.00)	0.464** (5.310)	0.517** (6.795)													
5. 政府	0.889** (8.747)	0.447** (4.492)	0.502** (5.252)	-0.005 (-0.053)												
6. 媒体	0.520** (6.899)	0.074 (0.891)	0.179** (2.396)	-0.359** (-3.98)	-0.319** (-3.33)											
7. 管理者	0.839** (9.959)	0.407** (4.949)	0.453** (5.136)	-0.056 (-0.568)	-0.055 (-0.568)	0.332** (5.155)										
8. 社会团体	1.094** (10.16)	0.653** (6.316)	0.710** (7.343)	0.193 (1.93)	0.198** (2.347)	0.538** (5.955)	0.252** (3.572)									

续表

	1	2	3	4	5	6	7	8	9	10	11	12	13	14	15	16
9. 社区	1.429** (11.06)	1.02** (8.483)	1.10** (9.130)	0.577** (4.594)	0.591** (6.069)	0.917** (7.651)	0.579** (5.719)	0.368** (4.147)								
10. 社会公众	0.223** (2.799)	-0.221** (-2.93)	-0.162* (-1.99)	-0.68** (-6.35)	-0.676** (-6.58)	-0.298** (-4.36)	-0.631** (-8.01)	-0.872** (-9.28)	-1.25** (-10.4)							
11. 股东(投资者)	0.656** (5.852)	0.219 (1.874)	0.274** (2.506)	-0.247** (-2.78)	-0.245** (-2.13)	0.138 (1.259)	-0.191 (-1.65)	-0.443** (-3.71)	-0.776** (-6.05)	0.432** (4.077)						
12. 竞争者	0.681** (7.168)	0.245** (2.383)	0.297** (3.065)	-0.22** (-2.66)	-0.217** (-2.14)	0.165 (1.724)	-0.162 (-1.56)	-0.416** (-3.96)	-0.769** (-5.96)	0.459** (4.351)	0.027 (0.33)					
13. 金融机构	1.410** (13.06)	0.969** (8.635)	1.02** (10.3)	0.507** (5.029)	0.518** (5.434)	0.828** (8.466)	0.575** (5.125)	0.314** (3.249)	-0.113 (-1.01)	1.19** (12.53)	0.76** (8.132)	0.734** (7.317)				
14. 企业形象代言人	0.888** (9.000)	0.437** (4.045)	0.545** (6.227)	0.01 (0.096)	0.051 (0.495)	0.373** (4.038)	0.039 (0.368)	-0.170 (-1.68)	-0.539** (-5.53)	0.665** (6.423)	0.229** (2.245)	0.199** (2.049)	-0.456** (-6.06)			
15. 债权人	1.048** (8.299)	0.608** (4.853)	0.663** (5.882)	0.145 (1.509)	0.157 (1.521)	0.495** (4.105)	0.203 (1.561)	-0.048 (-0.428)	-0.442** (-3.95)	0.826** (6.777)	0.387** (5.018)	0.361** (3.429)	-0.361** (-3.92)	0.123 (1.266)		
16. 供应商	0.827** (8.686)	0.387** (3.707)	0.441** (4.754)	-0.072 (-0.89)	-0.065 (-0.639)	0.27** (2.801)	-0.017 (-0.164)	-0.266** (-2.56)	-0.671** (-6.16)	0.608** (6.255)	0.172** (2.918)	0.145 (1.803)	-0.583** (-8.51)	-0.103 (-1.29)	-0.222** (-2.82)	

象代言人和政府、供应商和政府、股东（投资者）和管理者、供应商和管理者、形象代言人和管理者、债权人和管理者、竞争者和股东（投资者）、企业形象代言人和社团、供应商和企业形象代言人、债权人和企业形象代言人等虽然评分的均值有所不同，但均值的差异与 0 缺乏显著性差异，其他利益相关者的排序都具有非常显著或者显著的统计意义上的差别。

（三）紧急性评分

通过调查问卷回收整理，获得了受试者对企业品牌的 16 种利益相关者的紧急性评分资料，利用统计软件 SPSS 18.0 进行统计分析，首先进行描述性统计，统计结果见表 2 - 9。

表 2 - 9 　　　　　　　　　　紧急性属性评分描述性统计

利益相关者	有效样本（个）	最小值	最大值	均值	标准差
顾客	416	1	7	5.68	1.802
企业员工	415	1	7	5.19	1.387
分销商	416	1	7	5.48	1.341
合作者	413	1	7	4.51	1.761
政府	407	1	7	4.86	1.900
媒体	397	1	7	5.08	1.905
管理者	405	1	7	5.02	1.747
社会团体	397	1	7	4.45	1.652
社区	405	1	7	4.59	1.759
社会公众	413	1	7	4.77	1.589
股东（投资者）	413	1	7	5.25	1.403
竞争者	404	1	7	4.81	1.909
金融机构	398	1	7	4.94	1.655
企业形象代言人	398	1	7	4.50	1.812
债权人	404	1	7	5.06	1.860
供应商	404	1	7	5.00	1.708

不能简单地根据表 2 - 9 中均值大小，来判断某一类利益相关者一定比另一类利益相关者具有更高的紧急性，需使用配对样本 T 检验来判断每两个变量的均值之差与 0 是否具有显著性差异，统计分析结果如表 2 - 10 所示。在表 2 - 10 中，未加括号的数据为利益相关者在紧急性属性上评分的均值与对应的另一利益相关者在该属性上评分的均值之差，括号内

表 2－10　　紧急性属性均分差异的配对样本 T 检验结果

	1	2	3	4	5	6	7	8	9	10	11	12	13	14	15	16
1. 消费者																
2. 企业员工	0.499** (6.035)															
3. 分销商	0.200** (2.839)	-0.304** (-4.62)														
4. 合作者	1.18** (9.911)	0.683** (6.50)	0.983** (10.60)													
5. 政府	0.808** (6.78)	0.296** (2.614)	0.602** (5.21)	-0.314** (-2.76)												
6. 媒体	0.584** (5.516)	0.063 (0.576)	0.378** (3.744)	-0.558** (-4.80)	-0.239** (-2.35)											
7. 管理者	0.667** (6.759)	0.153 (1.596)	0.459** (5.044)	-0.529** (-4.34)	-0.148 (-1.54)	0.093 (1.163)										
8. 社会团体	1.21** (11.23)	0.693** (6.998)	1.01** (9.153)	0.068 (0.591)	0.390** (4.413)	0.63** (6.825)	0.537** (7.481)									

续表

	1	2	3	4	5	6	7	8	9	10	11	12	13	14	15	16
9. 社区	1.07** (8.544)	0.57** (5.204)	0.872** (7.171)	-0.040 (-0.321)	0.281** (3.037)	0.528** (4.578)	0.434** (4.639)	-0.104 (-1.58)								
10. 社会公众	0.918** (10.20)	0.416** (5.261)	0.719** (8.352)	-0.252** (-2.49)	0.076 (0.737)	0.317** (2.943)	0.272** (2.509)	-0.312** (-3.19)	-0.190 (-1.81)							
11. 股东 (投资者)	0.443** (4.748)	-0.058 (-0.667)	0.245** (3.18)	-0.726** (-7.13)	-0.424** (-4.12)	-0.194* (-2.34)	-0.213** (-2.79)	-0.824** (-9.56)	-0.699** (-7.20)	-0.475** (-5.86)						
12. 竞争者	0.899** (8.204)	0.364** (3.097)	0.696** (6.638)	-0.298** (-3.22)	0.091 (0.751)	0.338** (2.646)	0.215 (1.803)	-0.353** (-3.21)	-0.227* (-1.99)	-0.084 (-0.850)	0.423** (3.855)					
13. 金融机构	0.739** (6.662)	0.198 (1.81)	0.533** (5.535)	-0.403** (-3.92)	-0.083 (-0.802)	0.159 (1.580)	0.044 (0.428)	-0.524** (-5.88)	-0.403** (-4.07)	-0.201 (-1.95)	0.329** (4.467)	-0.184 (-1.78)				
14. 企业形象代言人	1.18** (8.647)	0.643** (5.337)	0.977** (8.505)	0.045 (0.401)	0.362** (3.630)	0.614** (4.860)	0.499** (4.205)	-0.069 (0.702)	0.043 (0.498)	0.244** (2.43)	0.774** (7.325)	0.272** (2.520)	0.445** (4.354)			
15. 债权人	0.651** (5.689)	0.116 (1.011)	0.448** (4.416)	-0.543** (-4.65)	-0.232 (-1.65)	0.008 (0.058)	-0.038 (-0.311)	-0.683** (-6.14)	-0.551** (-5.16)	-0.332** (-2.86)	0.176 (1.953)	-0.248* (-2.09)	-0.139 (-1.93)	-0.594** (-4.85)		
16. 供应商	0.713** (6.55)	0.178 (1.63)	0.510** (5.682)	-0.484** (-4.07)	-0.151 (-1.26)	0.090 (0.818)	0.025 (0.243)	-0.601** (-5.86)	-0.47** (-3.81)	-0.270** (-2.73)	0.238** (3.194)	-0.186 (-1.81)	-0.058 (-0.721)	-0.514** (-0.433)	0.062 (0.650)	

的数据是差分的 T 检验值。如果均值差分通过了 95% 或 99% 置信度的检验，则以＊号或＊＊号作为标注，若无任何标注，表示没有通过检验。对表 2－10 的检验结果进行综合分析，可以看出：从利益相关者紧急性属性来看，企业员工分别与媒体、管理者、社会股东（投资者）、金融机构、债权人、供应商，政府分别与管理者、公众、竞争者、金融机构、债权人、供应商，社团分别与社区、企业形象代言人、债权人、供应商，媒体分别与管理者、金融机构、债权人供应商，合作者分别与社团、社区、企业形象代言人，债权人和股东（投资者），竞争者和供应商，竞争者和金融机构等虽然评分的均值有所不同，但均值的差异与 0 缺乏显著性差异，其他利益相关者的排序都具有非常显著或者显著的统计意义上的差别。

（四）企业品牌利益相关者的米切尔三属性分析结果

在以上统计分析中，分值排序的最大为 7 分，故将 7 分按三等分划分为 0—2.33 分、2.33—4.67 分和 4.67—7 分三段，根据这 16 种利益相关者在各个属性维度上得分的均值填入相应的表格中，形成表 2－11。根据表 2－11 中 16 种利益相关者所在的位置，对它们进行分类。

表 2 –11　　　　　　　　　企业品牌利益相关者属性分类结果

得分 \ 属性	4.67—7 分	2.33—4.67 分	0—2.33 分
合理性	顾客、供应商、股东（投资者）、分销商、社会公众、债权人、企业员工	金融机构、企业形象代言人、社会团体、媒体、政府、社区、竞争者、管理者、合作者	
影响力	债权人、企业员工、社会公众、分销商、股东（投资者）、供应商、顾客、企业形象代言人、社会团体、媒体、政府、竞争者、管理者、合作者	社区、金融机构	
紧急性	顾客、供应商、股东（投资者）、分销商、社会公众、债权人、企业员工、政府、媒体、金融机构、竞争者、管理者	社区、企业形象代言人、合作者、社会团体	

　　至少在三个维度上得分在 4.67 分以上的利益相关者为确定型利益相关者：在表 2 - 11 的统计结果中，顾客、企业员工、分销商、社会公众、股东（投资者）和供应商是确定型利益相关者，即品牌关系的核心利益相关者。

　　预期型利益相关者要符合条件为：至少在两个维度上得分在 2.3 分以上、4.67 分以下，他们与企业品牌关系较为密切，但对于企业的影响要小于确定型利益相关者，表 2 - 11 显示出了 6 种确定型利益相关者之外，剩下 10 种利益相关者都属于预期型利益相关者。分类结果也显示，研究筛选的利益相关者对企业品牌的利益相关的都是较为显著的。

　　本书后面章节的研究将本次分类筛选出的 6 种确定型利益相关者（即品牌关系的核心利益相关者）作为主要研究对象。

本章小结

　　本章首先在确认研究问题的基础上，通过对文献回顾和现场调研获得的 20 种企业品牌利益相关者，再通过专家咨询评分，筛选了 16 种认同度较高的利益相关者（品牌关系的重要利益相关者）作为本章的研究对象。然后采用米切尔的利益相关者三种属性（合理性、影响力和紧急性）对利益相关者的属性和重要性进行分类研究，通过对职业经理人、企业管理者和企业员工发放问卷进行调研，对回收的问卷收集的数据，采用 SPSS 18.0 统计软件进行数据处理，用均值比较、描述性统计、配对样本 T 检验和单因素方差分析等方法，对品牌关系的利益相关者进行了分类，并从 16 种重要利益相关者中识别出 6 种品牌关系的核心利益相关者，它们是顾客、企业员工、分销商、社会公众、股东（投资者）、供应商等。本书后面部分的研究，将以这 6 种核心利益相关者作为重点研究对象。

第三章　品牌与利益相关者双向利益要求研究

第一节　研究概述

一　研究问题综述

在基于品牌与利益相关者互动的品牌关系研究中，利益相关者如何影响企业品牌行为？企业品牌行为对利益相关者有哪些影响？这些问题得以解释的前提，是要首先了解和把握利益相关者的期望及利益要求有哪些？企业品牌对利益相关者的期望和利益要求又有哪些？

第二章依据利益相关者的三种属性，对其进行了分类，并界定了对企业品牌有较大影响的6类利益相关者，本章在上一章研究的基础上，探讨主要利益相关者与企业品牌之间的利益要求。

利益相关者与企业品牌之间之所以能发生关系，是因为彼此之间有着相互的利益或者价值要求。这种"双向利益要求"是彼此之间存在关系和互动的前提，识别和把握这种双向利益要求是进行利益相关者关系管理的基础。在从利益相关者理论的提出到今天的研究历程中，许多学者从不同角度、不同层面或直接或间接地探讨过企业利益相关者的权力、利益要求、价值期望等。

SRI研究所虽然没有提出利益相关者的利益要求问题，但其发展出一套"为组织继续生存提供支持的群体"的"满意度"测定体系，这套测定体系暗含着利益相关者的利益要求因素；安索夫（Ansoff）早在1965年就提出："企业要想制定理想的战略目标，必须要综合平衡企业的诸多利益相关者之间相互冲突的索取权，这些利益相关者可能包括企业管理者、企业员工、股东（投资者）、供应商和顾客。"德鲁克（1974）在论述管理的任务和维度时指出："企业和公共服务机构一样，都是社会的器官，它们的存在不是为了自己，而是为了实现一个特定的社会目的，并满足社会、社区或个人的特殊需要。它们本身并不是目的，而是手段。"在弗里曼（1984）的经典著作《战略管理——利益相关者方法》第一章"动荡时代的管理"中从内部变化和外部变化两部分，对企业所有者、顾客、雇员、供应商、政府、竞争者、顾客权益维护者、环保主义者、特殊利益群体和媒体 10 种利益相关者要求的变化进行了描述。

事实上，在不同学者对利益相关者的定义中，本身都内含着双方的需求因素，比如，"利益相关者是一些团体或个人，没有其支持，企业将不复存在"（SRI，1963），这个定义体现了企业对利益相关者的期望和依赖。弗里曼（1984）和斯文德森（Svendsen，1998）指出，企业是由人（或群体）组成、受人（或群体）支配、为人（或群体）服务的组织，如果企业在经营中不能满足这些人（或群体）——企业利益相关者的利益要求，那么组织将不复存在。帕特里奇等（Partridge et al.，2005）认为，利益相关者的影响和参与是 21 世纪企业成功至关重要的保证。在企业中，需要人人参与价值创造，共同解决企业面临的经营管理中的各种复杂问题。

我国学者陈宏辉等（2004）和邓汉慧等（2005）都曾对企业利益相关者对企业的利益要求做过理论和实证研究。

当前品牌关系的研究基于顾客视角的较多，但很少涉及对顾客之外的利益相关者的利益要求研究。在公司治理、战略管理、企业社会责任方面对利益相关者的研究中，对利益相关者权利需求和利益要求的分析，大多都是基于公司治理、社会责任视角。因此，目前对利益相关者利益要求的研究比较零散地分布于利益相关者研究文献中，专门研究利益相关者利益要求的文献较少，且实证研究很少。而且多数研究强调利益相关者对企业的需求，而对企业对利益相关者的需求研究较少。品牌关系中利益相关者对企业品牌的要求是不完全等同于在公司治理或者社会责任研究中的利益要求特点的，比如，在公司治理中，尽管"股东至上"的论调已经逐步让位于"利益相关者共同治理"，但公司治理中，剩余索取权首要的考虑对象仍然是企业股东的需求和利益。在品牌关系中，虽然"顾客至上"的论调正逐步让位于"品牌和利益相关者互动"，但毫无疑问，顾客在品牌关系中仍然是最重要的因素。

与当前其他学者研究有所不同，本书研究的着眼点和创新点是在企业品牌与利益相关者互动基础上形成的关系及其质量。本书认为，研究品牌关系的互动和关系质量，就是要了解和把握利益相关者对企业品牌和企业品牌对利益相关者的双向利益要求。本章将通过理论和实证研究对这种"双向利益要求"进行分析。

在本书中，企业品牌和利益相关者的利益要求是指其对对方在经济、功能、情感等方面的期待与诉求，包括品牌和利益相关者的权利及其他利益要求，其中权利是指企业品牌和利益相关者互动交往过程中应当享有的正当、合理、合法、合乎道德的权益，而其他利益要求则主要是指一些隐含的期望或隐性契约。

二 研究思路与方法

鉴于当前针对品牌关系中品牌和利益相关者的双向利益要求的系统研究比较薄弱，本章在理论分析的基础上，进行问卷调查和实证研究。本章研究思路和方法如图 3 - 1 所示。

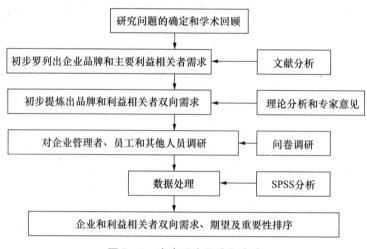

图 3 - 1 本章研究思路和方法

第二节 利益相关者利益要求的理论分析

一 品牌和利益相关者双向利益要求的社会契约分析

利益相关者和企业品牌之间彼此的利益要求，有着内在的合理性，可以通过契约理论、资源依赖论、社会交换理论等社会学、经济学和管理学等相关理论来进行解释。鉴于前文对相应的理论基础有过部分描述，在此仅基于社会契约理论对品牌和利益相关者双向利益要求做一分析。

唐纳森等（1995）指出，利益相关者的利益要求都源于其与企业之间所存在的综合性社会契约。

传统企业理论认为，企业中签约主体包括企业所有者、经理与员工，其他利益相关者如顾客、供应商、分销商等与企业之间是市场交易关系而不是契约关系。根据企业利益相关者理论，所有的利益相关者与企业之间都存在显性契约或者隐性契约（陈宏辉，2003）。

社会契约论的思想和理论由来已久，其理论最初主要是用来解释国家的起源、本质与结构，洛克、卢梭和霍布斯等西方自由主义哲学家，运用社会契约理念来说明国家的形成以及国家存在的道德正当性、合法性。后来社会契约理论被用来研究企业的社会责任。20 世纪 90 年代中期，唐纳森和邓菲用社会契约论分析了评判企业的标准和人们对企业行为所持的期望发生变化的原因，提出企业综合社会契约论，将企业社会责任和企业利益相关者的利益要求统一起来。

社会契约理论认为，企业是社会系统中不可分割的一部分，是利益相关者参与的一系列契约的联结，是利益相关者显性契约和隐性契约的载体。企业组织是通过与社会建立契约而获得合法性的。企业社会契约理论强调企业对社会各利益相关者的责任和承诺，如果企业只注重显性契约，忽视隐性契约，忽视其社会责任，对其利益相关者的合理利益要求不做慎重考虑并尽量满足的话，那么企业就不可能持续发展。利益相关者的利益要求有些是通过与企业签订显性契约来实现的，但有许多利益要求是无法显性化的，或是因为显性化的成本太高，双方都不愿意进行显性化，而通过隐性化契约来约束对方的。

品牌既是一种经济现象，也是一种社会现象。在品牌关系中，品牌与利益相关者之间不仅有经济契约，也存在一种社会契约。品牌关系的社会契约包括品牌与企业内部的员工、管理者和股东（投资者）等之间的内部社会契约和品牌与顾客、分销商、供应商、媒体、社会公众等外部利益相关者之间的外部社会契约。尽管契约双方对对方行为都有所期待，契约本身对双方都有一定的约束力，但是，企业综合性社会契约理论探讨的主要是社会契约如何约束企业行为、企业如何满足利益相关者的需求和期望以及承担其他社会责任。

长期以来，些企业都把承担社会责任的行为当作企业的负担，然而许多研究表明，企业承担社会责任能够给品牌形象和品牌资产带来提升，从而能够增加企业利润。2008 年汶川地震后王老吉"要捐就捐一个亿"的捐款行为，不但短期增加了产品销售，从长期效应来看，企业的品牌形象和品牌关系质量都得到极大的提升。

在企业品牌营销中，在品牌和顾客以及其利益相关者的互动中，广泛存在除法律和经济合同之外的社会契约。企业利益相关者众多，以下主要分析品牌和顾客、企业员工、股东（投资者）、供应商和分销商等利益相关者与组织品牌之间的社会契约。

顾客的权利与要求。对于多数企业来说，顾客可能是最重要的利益相关者，它是企业产品价值实现和利润获得的直接来源。在品牌关系的互动中，顾客在有偿获得商品或接受服务时，以及在以后的一定时期内依法享有的权益主要有：了解商品和消费信息、安全消费、消费选择自由、评价和投诉自由、学习和得到教育、索要合法赔偿等。顾客期望（要求）产品和企业品牌形象好、产品质量高、服务好、品牌产品能够给顾客带来价值。顾客需求没有得到满足时，将会拒绝再次购买，并影响他人减少购买公司产品，还会传播不利于企业品牌的评价和信息，从而影响品牌声誉，降低品牌忠诚度。而企业对顾客也有需求和期望，如希望他们保持品牌忠诚，重复购买；口碑宣传企业积极形象；给企业或者产品（服务）提合理建议；有问题时，意见（如抱怨和投诉）通过正常渠道首先和企业沟通；顾客之间互相交流学习，建立和参与品牌社区等。

满意的员工是实现顾客满意的基础。他们是企业与内外部利益相关者的直接沟通者和接触者，占据着多数重要的品牌接触点，员工满意是顾客满意的前提和基础，员工行为也直接影响到其所接触的其他利益相关者。品牌与内部员工之间，除显性的经济契约比如岗位工作时间、工作内容、薪酬标准等明确的合同之外，还有一些隐性契约，比如，员工期望企业和品牌能给自己带来事业的发展、较高的报酬、参与企业民主管理、晋升的机会、良好的社会形象和社会地位、和谐的人际关系和企业文化等。当员工需求没有得到满足时，将会降低工作积极性，降低对企业的忠诚度，影响生产和服务质量，并会把这种不良情绪和信息传递给企业内外部其他利益相关者。企业的显性契约和隐性契约的执行情况，在员工心目中形成的认知将形成所谓"雇主品牌"。当然，企业也期望员工能够忠诚于企业，热情工作，维护企业品牌形象，善待顾客和其他利益相关者，充当的"品牌大使"角色。

企业与上游供应商和下游分销商的关系正在演变为一种利益共同体，它们结成互惠的联盟，并共同满足顾客的需求。企业品牌与供应商和分销商的社会契约包括：供应商和分销商希望交易公平，建立长期、稳定和互惠的长期的关系。分销商还希望企业的品牌产品和服务质量优良，品牌形象好，能提供人员培训、促销支持等。当供应商和分销商的权利与需求没有得到满足时，会降低与企业和品牌合作的积极性，进而减少利益上的"互惠共赢"行为。

股东（投资者）的权利和需求。虽然企业承担社会责任和对其他利益相关者关注水平的提高，弱化了股东的"至上"地位，但是，当企业由于关注利益相关者而带来的品牌价值增加时，也必然为股东（投资者）带来更高的价值和回报。一般来说，股东（投资者）期望企业品牌价值的增值，以使自己的投资得到较高的回报率。股东（投资者）可以通过卖出或买入企业的股票来表示自己对企业品牌支持与否的态度。

企业对股东（投资者）的利益要求包括持续的投资、维护企业品牌形象、转化为顾客等。

企业的本质是一个多边契约联合体，是由一系列目标不同且可能相互冲突的个体和群体所构成的复杂契约系统。在这个联合体中，每个利益相关者都有自己的利益要求。基于社会契约的观点，品牌可以被理解为一种组织与利益相关者之间的关系性契约总和。

二　利益相关者利益要求的冲突与协调

企业品牌与利益相关者之间相互影响、相互作用，存在互动与交叉影响的关系。企业的行动、决策、政策或做法可能会影响利益相关者，同时，企业在经营活动中，其行动、做法、政策和伦理规范等受到社会及利益相关者的严密监视，利益相关者能够影响企业的行动、决策、政策或做法。企业必须处理好与其所以依托的社会和利益相关者的关系，在生产经营等活动中，要遵守伦理和承担相应的社会责任，为此，也必须关注和满足利益相关者的利益要求。管理者的任务是协调与满足利益相关者的要求，使之与企业利益要求、其他利益相关者的需求保持平衡（Carroll，2003；2011）。

利益相关者群体没有统一的行动目标，各自有着自己的利益诉求和行动取向。不同的利益相关者有不同的利益要求、不同的互动体验以及对同样体验的不同反应。企业品牌和利益相关者之间的利益要求不同，往往导致不同的行为目标。一般来说，企业与供应商、顾客之间存在价格的分歧和利益冲突，股东与经营者之间存在一定的财务冲突，员工与管理者之间存在利益要求的差异以及监督与被监督行为所产生的冲突等。瓦尔弗里德（Walfried，1998）实证研究发现，供应商更可能的兴趣在于关注每个零售商的销售量，零售商则更在意品牌具有的利润潜力，两者的两种绩效目标并不一定一致。当然，品牌关系中的各个利益相关者的身份有时是重叠交叉的，加上他们之间的交互影响，会形成一种复杂的关系网络。总之，利益相关者的利益要求是他们做出影响品牌行为的基础，对品牌与利益相关者互动的分析、关系的评价以及管理策略和方法的制定，都应在充分考虑企业和利益相关者双向利益要求的基础上进行。

对于企业品牌与利益相关者之间的交流的重要性，福利等（2005）称为平衡品牌管理的"平衡对话"。他认为，构建利益相关者之间的关系，通过平衡对话是一种比传统的重复性广告和公共关系更为有效。平衡对话就是通过在双方需求的基础上彼此接触、交流、互动和传递价值。

福利等（2006）认为，每个利益相关者都是用他们个人的和专业的价值来评价企业的表现，这种表现反映出企业品牌和声誉的力量，当企业价值和利益相关者的价值没有"对齐"时，麻烦就会光顾。许多企业品牌经营不成功主要原因是它们仅仅专注于销售和品牌活动，而忽视了那些对塑造强势品牌和声誉具有重要影响的企业利益相关者的利益及价值需求。显然，品牌关系的范畴不能再仅仅局限于品牌与顾客之间的"客户关系"，也包括品牌与其他利益相关者之间的关系。利益相关者视角下的品牌"价值承诺"实际上就是要满足利益相关者的价值需求和期望，最终实现企业与利益相关者之间的共赢。

第三节　品牌与利益相关者双向利益
　　　　要求实证分析

一　研究问题和研究假设

现有成果对品牌和利益相关者关系的研究大多限于理论分析和一般性

描述，缺少品牌和利益相关者双向利益要求的实证分析，因而无法理清品牌与利益相关者双向利益要求的内容及重要性顺序，品牌关系管理缺少扎实的实证与理论基础。为此，本部分通过问卷调查和实证分析，考察品牌和利益相关者之间的彼此期望和利益要求内容与重要性顺序，进而发展出《企业品牌和利益相关者双向利益要求体系表》。

在前文文献分析、理论探讨和研究需要的基础上，提出以下研究假设：

假设 3 - 1：企业品牌不同利益相关者对企业有不同的价值、利益要求和期望，并且相同的利益相关者对各种利益要求和期望的重视程度也存在一定的差异。

假设 3 - 2：企业品牌对其不同的利益相关者有不同的价值、利益要求和期望，对同一种利益相关者也存在多种利益要求，企业品牌对这些需求的重视程度存在一定的差异。

假设 3 - 3：企业品牌的发展需要各利益相关者的支持，企业品牌与利益相关者之间彼此满足对方的需求，是建立良好的互动关系的基础。

二　问卷设计

本章以前文研究为基础，重点考察 6 种核心利益相关者和企业品牌的双向利益要求。① 在问卷设计时，综合现有研究成果对组织品牌和利益相关者需求的研究结论，拟订出品牌和利益相关者之间双向利益要求条目，约请了 7 位管理学学者对其反复讨论，在内容上适当地做增减，最终编制出正式的调查问卷。问卷中一些问项来源于其他学者在相关调研中曾使用过的表述，他们在研究中已经做过检验，其他所有问项都通过专家测评确定，在调查问卷设计完成后，首先发放了 30 份问卷进行试调查，然后对问卷进行适当修改调整后，才进行正式调查，保证了问卷调查结果的信度和效度。

在问卷设计时，为了调研问卷的内容便于理解和力求调研信息的完整，问卷中采用了"利益要求和期望"的表述。本书把企业品牌与利益相关者之间显在价值和利益需求称为"利益要求"，而把潜在价值和利益要求称为"期望"，为了简化起见，文中统称为利益要求。

---

① 为了调研的方便，本章研究和第三章的研究问卷设计在同一张问卷上，对品牌和 13 种利益相关者的需求都做了问项设计，但在确定了 6 种利益相关者作为主要研究对象之后，对其他问项可以不做考虑，并不影响分析结果。

调查对象：对企业职业经理人、企业管理者和企业员工进行抽样调查（与第二章相同）。

调查方式：本部分研究采取随机抽样方式，采用问卷调查法进行相关数据收集（与第二章相同）。

样本选择：对职业经理人、企业管理者和企业员工进行问卷发放调查，计划抽取 600 人左右（与第二章相同）。

问卷设计：把企业品牌对利益相关者的利益要求和利益相关者对品牌的利益要求作为问项，采用对需求条目重要性排序的方式衡量（问卷见附录二）。

数据统计分析：调查数据采用 SPSS 18.0 软件进行处理，本部分研究所用的统计方法和工具主要有均值比较、描述性统计、配对样本 T 检验等。

三　统计分析

（一）问卷回收情况

本研究共计发放问卷 592 份，实际回收 517 份，回收率为 87.33%，对回收问卷进行整理，有效问卷 416 份，回收问卷的有效率为 80.46%（与第二章相同）。

（二）描述性统计

调查问卷样本资料的结构特征如表 2 - 2 所示（与第二章相同）。

（三）数据统计分析

1. 利益相关者对企业品牌的利益要求分析

利用 SPSS 18.0 计算出 6 种利益相关者对企业品牌利益要求的调查得分均值，并以配对样本 T 检验来判断各种利益要求排序的统计意义。以下是顾客对企业品牌利益要求的数据进行统计分析的结果（见表 3 - 1 和表 3 - 2）。

表 3 - 1　　　　　　　顾客对企业品牌需求的描述性统计

顾客利益要求	有效样本	最小值	最大值	均值	标准差
A. 产品和服务质量可靠、安全	416	1	6	1.95	1.402
B. 产品和品牌形象好	416	1	6	3.64	1.540
C. 产品和服务价格合理	416	1	6	2.58	1.031
D. 企业产品和品牌能够给顾客带来价值	416	1	6	3.48	1.519

顾客利益要求	有效样本	最小值	最大值	均值	标准差
E. 能获得需要的商品和消费信息	416	1	6	5.36	1.006
F. 抱怨和投诉得到满意解决	416	1	6	4.04	1.285

说明：由于问项是按重要性排序的，此表中利益要求条目得分均值越小，表明这一利益要求越重要。

表3-2　　顾客对企业品牌需求均分差异的配对样本 T 检验结果

	A	B	C	D	E	F
A. 产品和服务质量可靠、安全						
B. 产品和品牌形象好	−1.69** (−13.339)					
C. 产品和服务价格合理	−0.627** (−8.079)	1.063** (10687)				
D. 企业产品和品牌能够给顾客带来价值	−1.526** (−15.577)	0.163 (1.335)	−0.899** (−8.690)			
E. 能获得需要的商品和消费信息	−3.409** (−33.452)	−1.719** (−18.991)	−2.781** (−36.969)	−1.882** (−19.934)		
F. 抱怨和投诉能得到满意解决	−2.094** (−20.351)	−0.404** (−3.970)	−1.466** (−16.709)	−0.567** (−4.887)	1.315** (15.879)	

说明：* 表示 $P < 0.05$；** 表示 $P < 0.01$。

不能简单地根据表3-1中均值大小，来判断顾客对企业品牌需求的重要性顺序，需使用配对样本 T 检验来判断每两个变量的均值之差与0是否具有显著性差异。在表3-2中，未加括号的数据为利益相关者对品牌利益要求与对应的另一需求评分的均值之差，括号内的数据是差分的 T 检验值。如果均值差分通过了95%或99%置信度的检验，则以 * 号或 ** 号作为标注；若无任何标注，则表示没有通过检验。对表3-2的检验结果进行综合分析，可以看出"企业产品和品牌能够给顾客带来价值"与"产品和品牌形象好"之间的均值差异与0缺乏显著性差异，其他排序都具有非常显著或者显著的统计意义上的差别。

限于篇幅，略去其他5种利益相关者〔企业员工、分销商、社会公

众、股东（投资者）和供应商］对品牌利益要求的描述性统计以及需求
均分差异的配对样本 T 检验结果，只把最终分析结果列在《企业品牌和
利益相关者双向利益要求体系表》中。

2. 企业品牌对利益相关者的价值和利益要求分析

利用 SPSS 18.0 计算出企业品牌对 6 种利益相关者的利益要求的评分
均值，并采用配对样本 T 检验，来判断各种利益要求排序的统计意义。
以下是企业品牌对顾客利益和价值需求的数据分析结果（见表 3 - 3 和表
3 - 4）。

表 3 - 3　　　　　　　企业品牌对顾客需求的描述性统计

企业品牌对顾客利益要求	有效样本	最小值	最大值	均值	标准差
A. 品牌忠诚，重复购买，口碑宣传	416	1	4	1.59	1.014
B. 给企业或者产品（服务）提合理化建议等	416	1	4	2.63	0.795
C. 有问题时，意见（如抱怨和投诉）通过正常渠道首先和企业沟通	416	1	4	2.28	0.852
D. 顾客之间互相交流学习，建立和参与品牌社区	416	1	4	3.50	0.830

说明：由于问项是按重要性排序，此表中利益要求条目得分均值越小，表明这一利益要求越
重要。

表 3 - 4　　　　　企业品牌对顾客需求均分差异的配对样本 T 检验结果

	A	B	C	D
A. 品牌忠诚，重复购买，口碑宣传				
B. 给企业或者产品（服务）提合理化建议等	-1.043** (-14.893)			
C. 有问题时，意见（如抱怨和投诉）通过正常渠道首先和企业沟通	-0.685** (-9.066)	0.358** (5.154)		
D. 顾客之间互相交流学习，建立和参与品牌社区	-1.911** (-23.377)	-0.868** (-14.323)	-1.226** (-20.314)	

不能简单地根据表 3 - 3 中均值大小，来判断企业品牌对顾客对需求
的重要性顺序，需使用配对样本 T 检验来判断每两个变量的均值之差与 0
是否具有显著性差异。在表 3 - 4 中，未加括号的数据为品牌对利益相关
者利益要求与对应的另一需求评分的均值之差，括号内的数据是差分的 T

检验值。如果均值差分通过了95%或99%置信度的检验，则以＊号或＊＊号作为标注；若无任何标注，则表示没有通过检验（下同）。对表3－4的检验结果进行综合分析，可以看出全部变量具有非常显著或者显著的统计意义上的差别。

限于篇幅，本书略去企业品牌对其他5种利益相关者［企业员工、分销商、社会公众、股东（投资者）和供应商］利益要求的描述性统计以及需求均分差异的配对样本T检验结果，只把最终分析结果列在《企业品牌和利益相关者双向利益要求体系表》中（见表3－5）。

表3－5　　　　　企业品牌和利益相关者双向利益要求体系表

核心利益相关者	利益相关者对企业品牌利益要求	企业品牌对利益相关者利益要求
顾客	①产品和服务质量可靠、安全 ②产品和服务价格合理 ③企业产品和品牌能够给顾客带来价值 ④产品和品牌形象好 ⑤抱怨和投诉能得到满意解决 ⑥能获得需要的商品和消费信息	①品牌忠诚，重复购买，口碑宣传 ②有问题时，意见（如抱怨和投诉）通过正常渠道首先和企业沟通 ③给企业或者产品（服务）提合理化建议等 ④顾客之间互相交流学习，建立和参与品牌社区
分销商	①企业生产稳定，能及时供货 ②品牌产品和服务质量优良 ③公平交易 ④企业和产品品牌形象好 ⑤能提供人员培训、促销支持等	①需求稳定，并有所增长 ②长期稳定合作关系等 ③公平交易，较低交易成本 ④畅通便利的渠道保障 ⑤能提供促销配合
企业员工	①较高的工资、福利等报酬 ②有自我成长和事业发展的空间以及明确的职业愿景 ③工作安全，工作条件好 ④良好的企业形象带来体面的社会形象和较高的社会地位 ⑤能积累工作经验 ⑥良好的培训、进修机会	①对企业忠诚度高 ②工作热情，爱岗敬业 ③处理好内外部关系，善待顾客和其他利益相关者 ④维护企业品牌形象 ⑤遵守企业制度和规定

核心利益相关者	利益相关者对企业品牌利益要求	企业品牌对利益相关者利益要求
供应商	①企业生产稳定发展良好，对供应品有稳定的需求 ②企业能及时付款 ③公平交易 ④建立长期、稳定和互惠的关系 ⑤企业和产品品牌形象好	①供应品和服务质量好 ②技术支持和其他服务有保障 ③企业生产稳定，能及时供货 ④建立长期、稳定和互惠的关系 ⑤公平交易 ⑥供应商企业和产品品牌形象好
股东（投资者）	①资金安全和增值 ②信息披露真实及时 ③企业治理结构合理，经营稳健 ④能获取股价波动收益	①长期、稳定的投资 ②维护企业品牌形象
社会公众	①实施绿色营销，不破坏和污染环境，不危害人体健康 ②承担社会责任，如慈善事业、捐赠等 ③提供就业机会 ④诚信经营，提供真实的企业生产和产品品牌等商品信息 ⑤传播积极向上的文化，不传播不良消费文化和消费信息	①宣传、传播企业品牌正面形象等 ②喜爱公司产品，转化为顾客

四 研究结论

根据以上分析结果，把企业品牌和6种利益相关者的双向利益要求条目，按照重要性进行排序，可以得到企业品牌和利益相关者之间的双向利益要求体系并形成《企业品牌和利益相关者双向利益要求体系表》。

表3-5证实了此前的假设3-1和假设3-2，即企业品牌不同利益相关者对企业有不同的价值、利益要求和期望，并且相同的利益相关者对各种利益要求和期望的重视程度也存在一定的差异；企业品牌对其不同的利益相关者有不同的价值、利益要求和期望，对同一种利益相关者也存在多种利益要求，企业品牌对这些需求的重视程度存在一定的差异。企业品牌和利益相关者这种双向利益要求的客观存在，也为假设3-3的验证在一定程度上提供了支持，如果双方不彼此满足对方需求，互动关系就无法

建立起来，双方的满足状况都将受到损害，至此假设3-3也得到一定程度的验证，即企业品牌的发展需要各利益相关者的支持，企业品牌与利益相关者彼此满足对方的需求，是建立良好的互动关系的基础。

本章小结

本章以第四章研究得出的6种核心利益相关者作为重点研究对象。首先，对企业品牌和利益相关者与企业间利益要求进行了理论分析，再通过文献调查和访谈，获得了利益相关者和企业品牌双向利益要求基本情况，在此基础上完成调查问卷的设计。其次，对职业经理人、企业管理者和企业员工进行访问调查，通过SPSS 18.0软件对调查数据进行统计分析，并依据双向利益要求的重要程度对主要内容进行了排序。分析结果验证了之前的假设：企业品牌不同利益相关者对企业有不同的价值、利益要求和期望，并且相同的利益相关者对各种利益要求和期望的重视程度也存在一定的差异；企业品牌对其不同的利益相关者有不同的价值、利益要求和期望，对同一种利益相关者也存在多种利益要求，企业品牌对这些需求的重视程度存在一定的差异；企业品牌经营和管理，必须重视利益相关者的参与与支持，而了解和把握利益相关者的利益要求，并满足其合理要求（事实上，企业品牌与利益相关者之间需要彼此满足对方的需求，由于本书是建立在企业角度所展开的研究，更多地关注企业的关系管理活动），是建立良好的互动关系的基础。

第四章　品牌与利益相关者的
互动机理和互动模式

品牌关系理论以"关系"为视角诠释品牌，认为企业品牌的实质是品牌与顾客或利益相关者之间的互动关系。早期的品牌关系理论注重品牌与顾客的互动关系，随着商业环境的变化和企业经营理念的变革，企业与顾客之外的股东（投资者）、社会公众、媒体、中间商、社区等其他利益相关者之间的相互作用和相互影响越来越大，企业品牌管理的成败越来越取决于利益相关者对品牌的互动、参与和支持程度，由此产生了品牌与利益相关者互动基础上的品牌关系理论。探索和刻画品牌与利益相关者之间的互动机理和互动模式是有效实施品牌关系管理的前提及重要内容。

第一节　品牌与利益相关者互动概述

与其他关系一样，商业关系主体之间广泛存在互动现象。哈坎森和斯内霍塔（Håkansson and Snehota，1995）对企业之间的商业关系下了一个定义："关系是买卖双方相互的、双向的和涉入的交换"，是"互惠承诺的双方之间的相互导向的互动"。品牌关系互动是指品牌与利益相关者之间为了满足各自需要，在商品、货币、信息和情感等方面进行交换和传递，相互沟通、相互作用和相互了解，从而在经济、社会、文化和心理等方面产生相互影响和相互依赖的行动过程。互动既是关系的来源又是关系的内容，正是有了利益相关者与企业品牌之间的互动，才促使品牌关系的产生和发展。

社会学、心理学、经济学和管理学等学科对"互动"都有所涉及，它们共同构成商业互动的理论基础。基于企业品牌与利益相关者互动的品牌关系既是经济关系也是社会关系。社会交换理论认为，社会关系也是一种交换关系，人类一切社会互动行为都可以归结为主体之间交换奖赏和惩罚的过程，互动双方能在互动中得到内在性报酬（如快乐、社会认同、爱、感激等）和外在性报酬（如金钱、物品、邀请、帮助、服从等），品牌和利益相关者之间的互动，尽管很多时候没有商品的买卖关系发生，但是，也可能存在快乐、喜爱、认同、感激等情感投入和收益。因此，无论是否有商品交换发生，互动双方彼此都可能得到自己的权利或利益并表现为不同程度的满足，比如，当某品牌承担社会责任而实施绿色营销或关注社会公益事业时，顾客、媒体、社会公众等利益相关者就会对品牌回报以认同、尊重和喜爱。其他学科也被应用于关系互动研究中。如王兴元等（2002，2007）利用生态学的群落之间的生态关系，分析了名牌生态系统中企业和环境之间的互动现象。

成立于20世纪70年代中期的欧洲IMP小组（Industrial Marketing and Purchasing Group），是一个在世界上有较大影响的营销学术团体，目前专门致力于企业间（B—B）背景下的营销、采购等理论研究，"互动"是IMP小组在研究产业市场上的企业间关系时经常使用的一个术语，其著名的买方—卖方关系模型就以互动模型命名的。

琼斯（Jones，2005）认为，品牌价值的创造来自品牌与利益相关者之间的互动关系，品牌价值是通过对利益相关者需求和期望的满足来实现的，企业品牌价值的大小取决于企业如何发展与利益相关者之间的互动关系，企业销售量与品牌占有率将不再适合作为测量品牌价值高低的标准。品牌与利益相关者的关系质量直接影响着品牌管理效果，企业品牌经营离不开利益相关者的积极参与和支持。居延安等（2006）提出了在"关系管理"理论中把人和组织，乃至把整个社会看作"关系总和"或"关系系统"，认为要注重建立在个人之间互动基础上的"个性交往"。

有效的品牌关系管理最终能够促进品牌价值和品牌资产的积累及增值。邓肯等（1997）提出了品牌资产方程式：沟通→品牌关系→品牌支持度＝品牌资产。[①] 本书认为，品牌关系管理的主要目标是提高品牌关系质量（Brand Relationship Quality，BRQ），最终提高品牌价值和品牌资产，因此，品牌价值方程式可以表达为：品牌与利益相关者的沟通和互动→利

---

① Tom Duncan and Sandra Moriarty, *Driving Brand Value：Using Integrated Marketing to Manage Profitable Stakeholder Relationships*, New York：McGraw – Hill, 1997, p. 10.

益相关者对品牌支持度的提高→品牌关系质量的提高＝品牌价值的积累和提升。梳理清楚品牌与利益相关者之间的互动机理和互动模式，是有效实施品牌关系管理的基础。

第二节　品牌与利益相关者互动机理

从品牌价值来源视角上看品牌关系互动。一般来说，企业在高度重视利益相关者关系的基础上，实施有效的品牌关系管理和互动，形成高质量的品牌关系，最终会导致品牌价值提升，如图 4-1 所示。

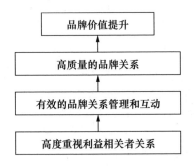

图 4-1　品牌关系视角的品牌价值来源

一　品牌关系互动的主体

对品牌关系质量的研究离不开对品牌关系主体之间互动的分析，品牌关系主体之间的互动是品牌关系发生发展的来源和结果，主体之间互动的分析有助于对品牌关系质量的动态分析和管理。事实上，对于品牌关系互动的主体是随着对品牌关系视角的不同而不同的。古梅森（Gummesson，1987）是最早研究关系质量的学者之一。他认为，关系质量是企业与顾客之间交互的质量，而这种质量可以用累计价值的形式加以说明。Grönroos（2000）特别强调关系质量的互动特征，他把关系质量描述为顾客与服务企业在长期的互动关系中所形成的动态的质量感知。

品牌关系互动主体即品牌关系主体，分为顾客视角、供应链视角和利益相关者视角三大类。本书从利益相关者视角研究品牌关系质量，认为互动的主体应该以品牌与利益相关者之间的互动为主。虽然利益相关者之间也存在互动现象，但不是本书研究的内容。

二　品牌与利益相关者互动的动因

关系营销理论认为，企业营销活动是一个为利益相关者创造价值的同时自己也获得价值的双向价值交流过程（克里斯托弗等，2002），企业的有形资产将变得不那么重要，取而代之的是企业的关系和沟通价值的提升（Toffler，1991）。尽管企业拥有品牌名称和商标的所有权，而真正的品牌是存在于利益相关者的心智之中的，利益相关者对品牌的看法和支持度最终决定着品牌的价值，企业品牌关系管理应该致力于经营企业品牌与利益相关者之间的关系这一"无形商业地带"（邓肯等，1997）。然而，品牌与利益相关者之间的互动关系不是凭空产生的，企业品牌与利益相关者彼此之间存在双向利益要求和期望，是品牌与利益相关者互动的根本动因，是品牌关系产生和互动的前提与基础。

满足利益相关者需求，对互动行为进行必要的激励是互动营销的黏合剂。不同的利益相关者与企业品牌之间的需求各不相同，企业品牌关系管理应首先梳理清楚这种双向利益需求内容和特点。无论是否有直接的商品交易发生，所有的利益相关者与企业之间都存在显性契约或者隐性契约，利益相关者的利益要求都源自他们与企业之间所存在的综合性社会契约（唐纳森等，1995）。比如，对于多数企业品牌来说，顾客可能是最重要的利益相关者，它是企业产品价值实现和利润获得的直接来源。除有偿获得商品或服务以外，顾客对企业品牌存在一组期望和要求：产品和企业品牌形象好、产品和服务质量高、能了解商品和消费信息、安全消费、评价和投诉自由、学习和得到教育、索要合法赔偿等。企业品牌对顾客也有需求和期望，如希望他们保持品牌忠诚，重复购买，口碑宣传企业良好的形象，给品牌产品（服务）提合理化建议，意见（如抱怨和投诉）能通过正常渠道首先和企业沟通，顾客之间互相交流学习，建立和参与品牌社区等。再如，随着公众社会责任感的逐步增强和媒介传播环境的变化，社会公众对企业品牌的影响力日趋强大。一般来说，社会公众期望企业品牌能够承担社会责任，实施社会营销，不破坏和污染环境，不危害人体健康，诚信经营，提供真实的企业生产和产品品牌等商品信息，传播积极向上的消费文化等。企业品牌则期望社会公众能够喜爱企业产品，适时转化为顾客，传播企业品牌积极、正面的形象等。

三　品牌与利益相关者互动的响应模式和动态互动模型

既然企业品牌价值的创造和积累取决于利益相关者对品牌态度和行为的积极响应与互动程度，那么品牌是如何从外在的信息转化为利益相关者心智中的品牌认知呢？戴维森（2004）提出了一个利益相关者品牌反应模型：品牌管理者提供品牌信息和刺激之后，利益相关者通过感知、体验、印象、态度等心理过程，在记忆中形成一个详细的记录，经过一段时间的发展，只有部分印象得以保留，随后，利益相关者会接收到企业发出的和企业以外发出的信息刺激，其感知和印象受这种刺激的影响，逐渐固化为品牌认知（见图4-2）。

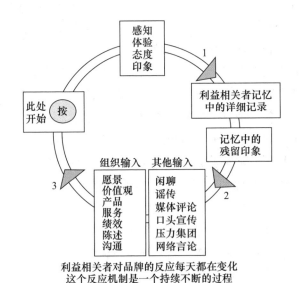

图4-2　利益相关者品牌反应模型

资料来源：Davidson Hugh，*The Committed Enterprise*：*How to Make Vision and Values Work*，2nd edition，Oxford：Butterworth - Heinemann，2004，p. 207。

品牌与利益相关者之间的互动是一个不断发展变化的动态过程。基于双向利益要求和期望，企业通过品牌关系管理投入，对利益相关者开展互动"要约"，利益相关者做出回应（当然，不一定总是由品牌主动发起互动请求，有时候利益相关者会主动发出互动"要约"），然后双方展开积极互动，致使品牌关系质量和品牌价值提高，企业竞争力增强，企业效益提高，接着有更多的品牌关系管理投入，重新进行新一轮更高水平上的互动，企业品牌关系和绩效进入一个良性循环。品牌与利益相关者动态互动模型见图 4-3。

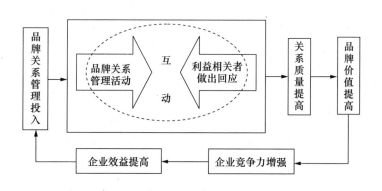

图 4-3　品牌与利益相关者动态互动模型

有效的品牌关系管理与企业业绩之间的关系反应机理是一个正向加强的循环过程。科特勒和凯勒（2012）这样描述利益相关者对企业业绩的贡献：利益相关者群体之间存在一个动态关系连接，一个智慧型的企业创造了一个高水平的员工满意度，能够导致其较高的工作努力，从而带来更高质量的产品和服务，并创造出更高的客户满意度，而吸引更多的回头客，带给企业更高的利润增长，提高股东（投资者）满意度，从而吸引更多的投资；等等，这种良性循环最终导致利润的持续增长。[1] 我国学者陈英毅（2006）提出了"互动＝适应＋影响"的反应模式，并建立了互动的钟摆模型，她认为，互动就是互动主体之间相互适应（协调、合作）。事实上，"互动"一词的语义中本身就有"相互作用、相互影响"的含义。

四　品牌与利益相关者互动的接触点

企业品牌关系主体之间的互动，是在一系列品牌接触点上完成和实现的。品牌与利益相关者之间的关系界面是由众多的接触点构成的，品牌接触点是利益相关者与品牌之间的交互作用点，是品牌管理的"前沿阵地"，是利益相关者获得品牌认知和体验的直接来源地。对于如何发现和判断企业品牌接触点，舒尔茨（Schultz，2004）提出了两个测试问题：

---

[1]　Kotler, P. and Keller, K. L., *Marketing Management*, 14th edition, Boston：Pearson Prentice Hall，2012，p. 53.

（1）如果客户在体验品牌时，认为某个要素很理想，此时该归功于谁？

（2）如果客户在体验品牌时，认为某个要素很糟糕，此时该归咎于谁？

只要这两个问题中任何一个答案是"本企业"或者"本品牌"，那么这个体验点就是品牌接触点。

品牌与不同的利益相关者互动涉及企业组织内部不同的部门。对利益相关者与品牌互动的管理，要对相应的部门和接触点管理，比如，在企业品牌与顾客的互动关系中，主要接触点是企业的营销部门和销售部门，在顾客购买全过程中的广告宣传、咨询服务、项目赞助、公共关系、商品展示、技术服务、销售服务、客户服务等环节，都是重要的品牌接触点；企业品牌与员工的接触点主要是人力资源部门和企业管理者等；企业品牌与公众的接触点则涉及企业所有部门和员工，但对其管理主要是企划和公关部门。传统的品牌管理中，品牌与顾客关系界面和接触点相对明确，而品牌与其他利益相关者的关系界面和品牌接触点的责任及管理则相对模糊和薄弱，尤其应该引起企业重视。表4-1列出了部分企业品牌部门与利益相关者对接关系。

表4-1　　　　　　　　企业品牌部门与利益相关者对接关系

利益相关者	利益相关者核心需求	组织主要联系点
顾客	最高的价值、好的产品和服务	营销部门、分销商
企业员工	安全、激励、报酬	人力资源部门、管理者
分销商	产品质量、促销支持等	销售部门
社会公众	社会责任，如环保、慈善	所有部门和员工，特别是企划和公关部门
股东（投资者）	安全、绩效	财务部门、董事会
供应商	公平互惠的交易	所有部门，特别是采购部门

资料来源：Davidson Hugh, *The Committed Enterprise: How to Make Vision and Values Work*, 2nd edition, Oxford: Butterworth - Heinemann, 2004, p. 217。本书有所整理和修改。

五　品牌与利益相关者互动的维度和类型

（一）品牌与利益相关者关系互动的维度

刻画品牌关系互动的机理和模式，需要描述互动的维度。品牌关系作为一种社会经济互动，符合社会互动的一般维度原理（郑杭生，2013），因此，可以从五个方面来刻画品牌关系（即品牌与利益相关者关系）的互动维度：

（1）互动向度。反映品牌与利益相关者互动的方向和关系的性质，它包括情感关系（是依恋、亲附还是反感、排斥）、地位关系（平等还是不平等，哪一方处于强势和主动？哪一方处于弱势和被动？）和利益关系（互动双方利益是一致的还是冲突的？利害关系的结构如何？）三个方面。

（2）互动深度。反映品牌与利益相关者互动的程度，以及双方相互依赖程度大小，主要体现在：互动双方利益关联的大小，互动行为延续时间的长短，精力、情感和利益投入的多少，互动内容和结构的复杂程度等。

（3）互动广度。反映品牌与利益相关者互动的范围大小，即双方互动所涉及的领域大小。比如，是单纯的商品交换关系，还是同时涉及情感、信息、社会责任等其他方面，涉及面的大小如何？

（4）互动频度。反映一定时间内品牌与利益相关者互动的次数多寡。

（5）互动强度。反映品牌与利益相关者互动时，在资源、情感和行为方面投入的强烈程度。它是一个反映单位时间内互动力量的指标。

（二）品牌关系互动的类型

由于影响品牌关系的利益相关者众多，且各自的利益需求和期望都不尽相同，因而品牌与利益相关者互动比单一的品牌与顾客互动更为复杂。借鉴利益相关者有关理论，根据利益相关者与企业品牌合作的可能性大小和潜在威胁程度大小，可以把利益相关者分为混合型（利弊兼有型）、支持型、非支持型和边缘型（无足轻重型）四种（Savage，1991）。借鉴社会心理学相关理论，可以把品牌关系中的互动行为分为交换、合作、冲突、竞争和强制等类型，对于企业品牌关系管理来说，针对不同类型的利益相关者和不同类型的互动行为应该采取不同的管理策略和方法。

第三节　品牌与利益相关者互动关系博弈分析

企业品牌与利益相关者之间的交换、互动与合作关系，可以用博弈论来分析和说明。一般来说，追求长期发展的企业，由于不可预见最后一次博弈关系，与利益相关者之间的博弈可以近似看作无限重复博弈。有些利益相关者表面看起来是一次性博弈，如企业与某个顾客的关系，但在信息透明的条件下，前面顾客的消费行为会被后来顾客在消费过程中作为决策参考，因此，大量顾客的一次性交易可以看成一个顾客的重复交易，所以，他们之间的博弈仍然可以近似地看作无限重复博弈。

在重复博弈中，参与人过去行动的历史是可以被观察到的，因此参与人可以将自己的选择与他人之前的行动联系起来，因而有了更多的战略可以选择，均衡结果可能与一次博弈大不相同。假设博弈重复多少次无法确定或无限次，每个参与人有多种策略可供选择，如全不合作策略，即不论过去什么发生，总是选择不合作；全合作策略，即不论过去什么发生，总是选择合作；合作—跟随策略，从合作开始，之后每次选择对方前一阶段的行动等。在品牌与利益相关者互动过程中，合作—跟随战略是成功率最高的战略。

为了描述这些策略的损益，假设一般的博弈模型如图 4 - 4 所示。其中，V_1、V_2 为双方合作时各自的收益；R_1、R_2 为己方不合作，对方合作时各自的收益；P_1、P_2 为双方都不合作时各自的收益；S_1、S_2 为己方合作，对方不合作时各自的收益。

	合作	不合作
合作	V_1, V_2	S_1, R_2
不合作	R_1, S_2	P_1, P_2

图 4 - 4　博弈模型 1

为了简化模型，可以把以上参数理解为相对值，若 $V = V_1 = V_2$，$R = R_1 = R_2$，$S = S_1 = S_2$，$P = P_1 = P_2$，从而简化为博弈模型 2，如图 4 - 5 所示。

	合作	不合作
合作	V, V	S, R
不合作	R, S	P, P

图 4 - 5　博弈模型 2

企业与利益相关者一次性博弈绝大多数属于囚徒困境博弈，满足 R > V > P > S 和 (S + R) < (V + V)，基于这个模型，在无限次博弈中，以其他利益相关者采用成功率最高的策略——合作—跟随策略为例，则企业合作与不合作的收益分别为：

$$Y(合作，合作—跟随) = V + \delta V + \delta^2 V + \delta^3 V + \cdots\cdots = V \frac{1}{1-\delta} \quad (4-1)$$

$$Y(不合作，合作—跟随) = R + \delta P + \delta^2 P + \delta^3 P + \cdots\cdots = R + P \frac{\delta}{1-\delta}$$

$$(4-2)$$

通常，δ 表示贴现率、继续博弈的概率或两者的结合。简单地说，可以看成未来的重要程度。那么，若要合作，则合作收益要大于不合作收益。

合作的条件为：

$$V \frac{1}{1-\delta} \geq R + P \frac{\delta}{1-\delta} \quad (4-3)$$

$$即 \delta \geq \frac{R-V}{R-P} \quad (4-4)$$

通常，$R-V$ 代表不合作的诱惑；$R-P$ 代表合作的剩余。可见，给定未来的重要程度，不合作的一次性诱惑（$R-V$）相对于合作带来的利益（$R-P$）越小，合作的可能性越大；给定不合作的诱惑和合作带来的利益，简单地理解为，未来越重要，合作的可能性越大。

在企业与利益相关者关系中，未来的重要性满足 $\delta \geq \frac{R-V}{R-P}$ 的要求的可能性很高，合作实现的可能性大。

有时，利益相关者可能有多重博弈关系，在某个重要关系上满足合作条件，就会建立合作关系；在其他博弈中，也可能因为维护合作关系的需要，对其他博弈中的合作起到促进作用。

例如，企业与代理商在区域市场开拓时，如果合作开拓市场，则投入和收入都比较理想；如果不合作，一方投入开拓市场，投入较大，收入较小，另外一方则坐享其成，获得收益，导致投入方效益低下也不愿去开拓市场，最终导致双方都不投入的"囚徒困境"境地。这种博弈中，一次性博弈均衡为都不开拓市场，以专家讨论法，模拟给出 $R=7$，$V=4$，$P=2$，$S=0$，如博弈模型 3 所示，见图 4-6。

	开拓市场	不开拓市场
开拓市场	4，4	0，7
不开拓市场	7，0	2，2

图 4-6　博弈模型 3

若长期博弈关系，合作条件为 $\delta \geqslant \dfrac{R-V}{R-P}=0.6$，即贴现率与继续交易概率综合达到0.6，合作就会出现，若企业与代理商之间的合作时间较长，就会满足这个关系，所以，合作可以成为现实。

第四节　品牌与利益相关者互动整体模型

在以上对利益相关者与品牌互动模式互动机理分析的基础上，可以给出品牌与利益相关者互动整体模型（见图4-7）。

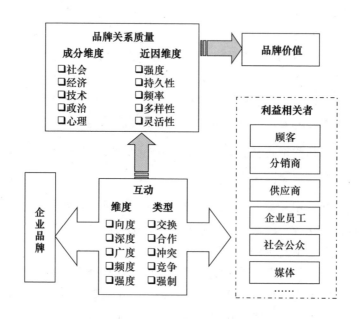

图4-7　品牌与利益相关者互动整体模型

企业通过对品牌与利益相关者关系管理进行整体规划，通过交换、合作、冲突、竞争和强制五种行为类型的互动，在关系的向度、深度、广度、频度和强度等维度上表现出不同的程度，在关系的社会、经济、技术、政治和心理等成分维度上表现出关系质量水平，同时还可以依据强度、持久性、频率、多样性和灵活性等近因维度来评价关系质量水平。企业通过品牌关系管理活动，减少品牌与利益相关者互动中的冲突和竞争而增加合作的成分，围绕企业品牌定位和品牌形象诉求，在互动的五个维度上进行有目的的操控和干预，最终提高品牌关系质量。

企业品牌与利益相关者的关系和互动是分散的，如果没有有效的统一管理，不同关系之间可能会出现不协调乃至相互冲突现象，从而部分地抵消关系管理效果，并降低整体品牌关系质量。企业要实现一个整合的、统一的品牌形象，并达到较高的品牌关系质量，就需要依据此整体互动模型，对各种关系进行整合管理，即"分散互动，整体管理"，最终实现整体品牌关系最优化。

本章小结

品牌关系理论认为，品牌的实质是企业品牌与利益相关者之间的互动关系。本章在对利益相关者与企业品牌双向利益要求分析的基础上，对品牌与利益相关者互动机理进行了研究。以社会学、经济学和管理学等学科理论为基础，从品牌与利益相关者互动动因、互动响应模式、互动接触点、互动维度和互动类型五个方面分析了品牌与利益相关者的互动机理，用博弈论分析了品牌与利益相关者的互动关系，构建了品牌与利益相关者互动整体模型。

第五章 利益相关者视角下的品牌关系质量评价方法与模型

第一节 品牌关系质量评价研究思路

前面的章节分析了企业品牌与利益相关者双向利益要求和互动关系的互动机理，本章主要研究如何评价这种互动关系的质量，即利益相关者视角下的品牌关系质量评价问题。

回顾前人的研究成果，关于关系质量和品牌关系质量评价的研究，基本上都是两种类型主体之间的关系，如顾客与品牌之间、企业与企业之间的关系质量，对评价这种企业品牌与多关系主体之间的关系探讨较少。现有研究成果，基本上都是建立维度来评价两个主体之间的关系，而基于企业品牌与利益相关者互动的品牌关系质量评价，既要考虑多主体因素，又要考虑关系质量的维度。在对比多种评价方法之后，本书采用层次分析法作为主要评价方法。把前文所得 6 种利益相关者与企业品牌的关系作为一级评价指标，把每种利益相关者与品牌的关系质量维度作为二级指标，然后根据前文研究品牌与利益相关者双向需求，把维度进一步分解出三级评价指标。

本章首先在确定评价方法的基础上，构建品牌关系质量的评价维度和评价指标体系，确定指标体系的权重，最后建立完整的层次分析法（AHP）评价模型。本章的研究思路和方法如图 5 - 1 所示。

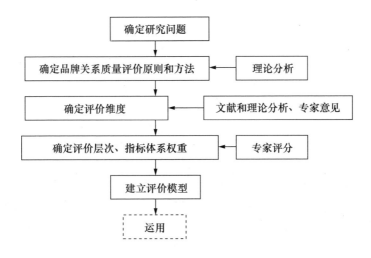

图 5 - 1　本章的研究思路和方法

第二节　品牌关系质量评价维度研究

　　现有对品牌关系的评价与测量研究基本上都是采用指标法，即构建多维评价模型，对品牌关系质量进行分解和评价。本书参考关系质量的相关研究成果，构建利益相关者视角下的品牌关系质量评价维度。关系质量评价维度的构成，依据不同的理论基础和研究视角有不同的内容，大致可以分为以下几种研究方法：

　　一　人际关系成分法

　　这种方法把人际关系中的心理和行为成分作为维度标准。代表性的成果如福尼尔（1994，1998）把品牌关系质量分解为六个维度（行为依赖、依恋、亲密、爱与热情、个人承诺和伙伴质量）进行观察和实证研究；周志民（2004）提出了三维度模型（认知、情感、忠诚）；金等（2005）把品牌关系分为五个维度（自我连接、满意、承诺、信任、亲密）；何佳讯（2006）开发了六构面的中国本土化品牌关系质量模型（社会价值表达、信任、相互依赖、承诺、真有与应有之情、自我概念联结）；马夸特（Marquardt，2013）验证了产业品牌买卖双方关系质量维度，包括满意、信任和承诺。

二 近因理论法

以心理学中的近因理论为基础，从战略联盟关系的特性出发，从关系强度、关系的持久性、关系频率、关系的多样性、关系的灵活性和关系的公平性六个维度展开研究。乔伊斯等（Joyce et al.，2000）运用这种方法对企业间合作关系进行研究。

三 多层面方法

有学者认为，关系质量分析与评价不应该局限于社会关系，而应扩展到经济、技术、管理等更广阔的视野。如霍尔姆伦德（2001）通过领域与维度的组合进行评价关系质量，他以服务质量模型为基础，把服务质量的过程与结果维度扩展为 B2B 关系质量的过程和结果领域。每个领域均包含技术、社会和经济三个维度，下面又进一步将其划分为若干子维度。姚作为（2005）进一步提出，应扩展到社会、心理、技术、经济、管理、知识等多层面进行评价。本书绪论部分列出了部分学者对（品牌）关系质量维度的观点。现有的关系质量维度研究大多是企业之间关系质量和基于品牌与顾客关系的品牌关系质量。

本书认为，对于企业品牌与利益相关者互动的品牌关系质量评价，需要借鉴和整合人际关系、顾客关系、企业间关系等多种理论与方法。与顾客视角下的品牌关系评估和 B—B 企业间关系评估相比，利益相关者视角下的品牌关系涉及的主体众多，评价较为复杂。考察当前对关系质量的研究成果，发现维度数量从 2—10 个，其中出现最高频率的维度是满意、信任和承诺，鉴于利益相关者众多，如果维度使用太多，将使评价变得极为复杂，在当前对关系质量的研究中，并没有发现维度数量多少与评价效果的相关关系。因此，本评价模型在评价维度上尽可能精练。

当前，对组织间关系质量和品牌关系质量的测量，基本上都是采用指标法。利益相关者视角下的品牌关系是一个多类型主体间关系，因此，其关系质量评价，首先需要解决两个基本问题：品牌的利益相关者有哪些？品牌关系的评价维度有哪些？在构建品牌关系质量 AHP 评价模型时，先把前文所得 6 种核心利益相关者与企业品牌的关系作为评价模型的 6 个一级评价指标，每个一级指标考察一种利益相关者与品牌的关系。再把每种利益相关者与品牌的关系质量维度作为二级指标，然后根据品牌与利益相关者双向利益要求，将维度进一步分解出三级评价指标。在此基础上形成评价指标体系，运用专家意见法，通过调查和数据的整理，计算出指标体系的权重。

下面用线性方程组来表示品牌关系质量（BRQ）测量的基本思想和原理：

$$\begin{cases} BRQ = \alpha_1 X_1 + \alpha_2 X_2 + \cdots + \alpha_n X_n \\ X_1 = \beta_1 T_1^A + \beta_2 T_2^A + \cdots + \beta_n T_n^A \\ X_2 = \gamma_1 T_1^B + \gamma_2 T_2^B + \cdots + \gamma_n T_n^B \\ X_3 = \delta_1 T_1^C + \delta_2 T_2^C + \cdots + \delta_n T_n^C \\ X_4 = \varepsilon_1 T_1^D + \varepsilon_2 T_2^D + \cdots + \varepsilon_n T_n^D \\ X_5 = \varphi_1 T_1^E + \varphi_2 T_2^E + \cdots + \varphi_n T_n^E \\ X_6 = \varphi_1 T_1^F + \varphi_2 T_2^F + \cdots + \varphi_n T_n^F \end{cases} \qquad (5-1)$$

式中，BRQ（brand relationship quality）即品牌关系质量（指数）；X_i（$i=1$，2，3，$\cdots$，n）表示第 i 个一级评价指标，即品牌和第 i 种利益相关者的关系，比如，与品牌相关的顾客、企业员工等；T_i（$i=1$，2，3，$\cdots$，n）表示第 i 个二级评价指标，即品牌关系质量评价模型构建中的关系质量维度，比如，顾客对品牌的满意、信任、承诺等；α_i、β_i、γ_i、δ_i、ε_i、ϕ_i、φ_i（$i=1$，2，3，$\cdots$，n）分别表示各个指标的权重。

第三节　品牌关系质量评价层次分析法模型

一　层次分析法的基本原理

层次分析法（Analytical Hierarchy Process，AHP）是美国数学家萨蒂（T. L. Saaty）在 20 世纪 70 年代中期提出的一种系统分析方法。该方法把复杂问题中的各种因素通过划分互相联系的有序层次使之条理化，根据对客观事实的判断，对每一层次的相对重要性给予定量表示，用数学方法确定相对重要性数值及排序，通过排序结果分析和解决问题。层次分析法将一些没有定量的问题转化为定量计算，通过逐层比较复杂的决策系统，把复杂问题简洁化、步骤化，具有很强的系统性，是一种用以解决多个目标、多个层次问题的评价和决策方法。这种方法可以用于解决管理科学遇到的评价和优选问题（刘勇，2007；刘新宪等，1990；张炳江，2014）。

完整的层次分析法主人由四个步骤组成：一是建立递阶层次结构；二是构建两两比较的判断矩阵；三是由判断矩阵计算指标权重并进行判断矩阵的一致性检验；四是计算评估对象的综合结果。

（一）建立递阶层次结构

把待解决的问题分成多个不同元素，并根据属性，将这些元素分成不同的组别，这样就形成了不同层次，并使不同层次之间条理化。运用层次分析法解决问题的关键是建立一个好的层次结构，层次结构必须建立在对所要解决的问题的全面深入认识的基础上，分析问题之间的相互联系。在品牌关系质量评价中，把品牌关系质量作为决策目标，把组织品牌与 6 种利益相关者的关系作为一级准则层，把每一种利益相关者与组织品牌关系质量的维度作为二级准则层，对每个利益相关者与品牌关系维度进一步分解为三级准则层，分解主要依据是第三章实证所得品牌与利益相关者双向利益要求。

（二）构建两两比较的判断矩阵

从第二层开始，针对上下两层的对应元素，进行两两对比，得出两者重要程度的等级。经比较 i 元素比 j 元素的重要性的等级为 a_{ij}，表 5 – 1 列出了通常使用的 9 个重要性的标度值。

表 5 – 1   元素两两之间的比例标度

标度（a_{ij}）	含义
1	两个元素相比，i 和 j 具有相同的重要性
3	两个元素相比，i 比 j 稍微重要
5	两个元素相比，i 比 j 明显重要
7	两个元素相比，i 比 j 强烈重要
9	两个元素相比，i 比 j 极端重要
2、4、6、8	为以上相邻判断之间的中间值
倒数	元素 i 与 j 的重要性之比为 a_{ij}，则 j 与 i 的重要性之比为 $a_{ji} = 1/a_{ij}$

专家调查法是构造指标权重的重要方法，通过对专家发放调查表，咨询专家意见，并对结果进行比较，构成判断矩阵 $A = [a_{ij}]$。

（三）计算指标权重并进行判断矩阵的一致性检验

1. 构造判断矩阵，计算权重向量

判断矩阵权重向量的主要方法有幂法、根法、和法等方法。本书主要运用根法进行计算和分析。其步骤如下：

第一，将判断矩阵第一行的所有元素相乘，得到乘积 m_i：

$$m_i = \prod_{j=1}^{n} a_{ij}, i = 1, 2, \cdots, n \qquad (5-2)$$

第二，计算 m_i 的 n 次方根：

$$\overline{\omega_i}, \quad \overline{\omega_i} = \sqrt[n]{m_i}$$

第三，对向量 $\omega = (\overline{\omega_1}, \overline{\omega_2}, \cdots, \overline{\omega_n})^{\mathrm{T}}$ 归一化，即：

$$\omega_i = \frac{\overline{\omega_i}}{\sum_{i=1}^{n} \overline{\omega_j}} \qquad (5-3)$$

得出：

$$\lambda_{\max} = \sum_{i=1}^{n} \frac{(A\omega)_i}{n\omega_i} \qquad (5-4)$$

2. 求解合成权重向量

合成权重向量是指矩阵中最下层每一个元素对最上层的权重向量。它的每个分量都是由相应方案在预期结果中所占比例构成的。

3. 进行判断矩阵的一致性检验

在判断矩阵构造中，并不要求判断具有传递性和一致性，但要求判断大体上一致。当 $\lambda_{\max} > n$ 时，则判断矩阵不符合一致性条件，在这种情况下，特征向量无法反映真实权重。因此，需要对判断矩阵的一致性进行检验。其步骤如下：

首先，计算一致性指标 CI：

$$CI = \frac{\lambda_{\max} - n}{n - 1} \qquad (5-5)$$

其次，查找相应的平均随机一致性指标 RI。表 5-2 给出了 1—15 阶正反矩阵计算 1000 次得到的平均随机一致性指标（郭齐胜等，2006；张炳江，2014）。

表 5-2　　　　　　　　　平均随机一致性指标 RI

矩阵阶数	1	2	3	4	5	6	7	8	9	10	11	12	13	14	15
RI	0	0	0.52	0.89	1.12	1.26	1.36	1.41	1.46	1.49	1.52	1.54	1.56	1.58	1.59

最后，计算一致性比例 $CR = \dfrac{CI}{RI}$，当 $CR < 0.1$ 时，判断矩阵的一致性是可以接受的。

（四）计算评价对象的综合评价结果

首先，对评估指标进行无量纲处理，使计算评估指标的分值具有可比性。

其次，综合前面得到的指标权重和指标得分。

最后，得到评价结果。

二　品牌关系质量的 AHP 综合评价模型

（一）构造层次结构

把品牌关系质量（BRQ）作为目标层，把品牌与 6 种利益相关者之间的关系（即品牌与顾客关系）作为一级层次（见表 5-3）。

表 5-3　　　　　　　　品牌关系质量评价 AHP 模型准则第一层

目标	准则第一层
品牌关系质量	品牌与顾客关系
	品牌与企业员工关系
	品牌与分销商关系
	品牌与社会公众关系
	品牌与股东（投资者）关系
	品牌与供应商关系

对 20 世纪 80 年代以来人际关系质量、顾客关系质量、企业间关系质量、品牌关系质量等相关学术文献和评论进行全面回顾、对比分析、综合提炼，再结合品牌与利益相关者双向需求特点，设计出评价二级和三级维度。

由于一切关系都具有共性，比如满意和信任几乎能解释任何组织和个人之间的互动关系，故本书用来作为品牌关系质量的评价维度，作为 6 个一级层次下面的二级准则层次。参照现有研究成果，根据本研究的特点，主要采用了被多数学者认同的满意、承诺和信任三个关系质量维度为基础，根据具体情况有所增减。比如，许多学者认为，对于与企业存在密切关系和交易行为的分销商及供应商，"相互依赖"是一个重要维度（Tao

Gao, 1999)，在评价指标中就需要予以考虑，增加了依赖性，而把承诺和信任删除，保留了满意和依赖性。

二级层次的"承诺"被定义为（支持性）行为意图或者奉献，是指主体对对方发自内心的一种付出。在品牌与顾客关系中更多地表现为忠诚行为，参考裴晓东和赵平（2002）、王兴元和孙国翠（2005）的观点，把品牌与顾客关系下的承诺分解为情感忠诚度、行为忠诚度、口碑忠诚度，作为三级评价维度。

对于企业品牌与企业员工关系的二级和三级层次，由于目前对于员工关系质量或雇主品牌评价的研究成果很少，本书重点参考了吴继红（2006）的员工与组织关系研究中的观点。

对于企业品牌与社会公众的关系，在三级层次的维度构建上，参考了喻金田和窦泽文等（2004）企业形象评价指标体系中的企业形象知名度、美誉度和信任度维度，以及薛可和余明阳（2007）提出的显著、美誉下的知名度和美誉度。

总之，在评价模型层次的构建中，采用了第二章实证分析所得6种利益相关者与企业品牌之间的关系作为评价一级维度，然后对20世纪80年代以来人际关系质量、顾客关系质量、企业间关系质量、品牌关系质量等相关学术文献和评论进行全面梳理，进行对比分析、综合提炼，再结合第三章、第四章对利益相关者利益要求与互动机理的研究结论，设计出评价体系的二级和三级维度。然后将所得评价层次设计初稿提交给7名管理学和营销学教授或副教授、3名管理学博士研究生、6名职业经理人，请他们提出修改意见。在此基础上构建了完整的利益相关者视角下的品牌关系质量评价层次和评价指标体系。在评价层次和评价指标体系确定之后，设计了针对相应利益相关者的问卷调查表，调查他们对品牌的认知和关系状况，问卷初稿编制好以后，为了保证被调查者能够准确地理解问卷内容和说明语，特别请几位企业工作人员试填了问卷，并根据他们的回答情况和建议，对问卷初稿进行修订。需要说明的是，在不同的一级维度（品牌与不同的利益相关者关系）中，虽然二级层次名称相同，但是，由于双向价值需求和行为特征不一样，权重和内涵也不相同。

在以上工作的基础上，初步构建了品牌关系质量综合评价模型（见表5－4）。

表 5 - 4　　　　　　　　　　品牌关系质量评价的因子层次结构

品牌关系质量 BRQ	品牌与顾客关系（C）	满意（C1）	产品（服务）满意度（C11）
			企业品牌形象满意度（C12）
		承诺（C2）	情感忠诚度（C21）
			行为忠诚度（C22）
			口碑传播忠诚（C23）
	品牌与企业员工关系（E）	信任（E1）	企业发展信心感知（E11）
			信用度（E12）
		满意（E2）	工作喜欢程度（偏好）（E21）
			安全感（E22）
			公平感（E23）
		承诺（E3）	工作卷入度（E31）
			忠诚度（E32）
	品牌与分销商关系（D）	满意（D1）	品牌和产品满意度（D11）
			沟通与合作满意度（D12）
		承诺和依赖（D2）	合作意愿（D21）
			行为忠诚度（D22）
			依赖性（D23）
	品牌与社会公众关系（P）	信任（P1）	企业品牌知名度（P11）
			企业品牌美誉度（P12）
		承诺（P2）	口碑忠诚度（P21）
			顾客化意愿（P22）
	品牌与股东（投资者）关系（G）	满意（G1）	收益实现预期目标（G11）
			企业管理状况满意度（G12）
		承诺（G2）	继续投资意愿（G21）
			顾客化意愿（G22）
	品牌与供应商关系（S）	满意（S1）	需求量和稳定性满意度（S11）
			沟通与合作满意度（S12）
		承诺和依赖（S2）	合作意愿（S21）
			忠诚度（S22）
			依赖性（S23）

（二）构造特征矩阵，计算各级指标权重

设计好的 9 分制评分表（见表 5 - 1），采用专家评分法，向管理学和营销学专家（教授、副教授、博士、管理咨询公司经理等）发放咨询评分表，发放20份，回收17份，回收率85.0%，剔除无效问卷2份，有效问卷15份，有效率88.2%。将专家评分表汇总统计，得到表5-5。

表5-5　　　　　　　　指标重要性等级专家咨询结果汇总

序号	C/E	C/D	C/P	C/G	C/S	E/D	E/P	E/G	E/S	D/P	D/G	D/S	P/G	P/S	G/S
1	5	5	4	6	3	3	3	5	2	4	5	5	5	7	2
2	1	7	3	5	4	6	3	1	8	1	5	4	3	6	1
3	3	5	2	7	8	1/3	4	5	1/2	3	6	2	8	4	
4	5	3	5	9	4	4	5	2	4	1/3	6	7	6	4	3
5	7	5	6	3	6	3	5	3	3	3	9	1/3			
6	1/2	6	2	5	5	4	5	3	5	2	8	7	2	1/5	
7	4	7	4	6	3	3	7	3	5	2	9	4	1		
8	5	4	1	7	5	4	2	3	7	1/5	5	8	4	7	1/2
9	3	3	3												
10	6	5	1/3	2	5	8	1/2	5	3	1	5	6	5	1/3	
11	5	6	1	8	5	1/4	5	1/3		5					
12	5	5	1/5	5	3	9	2	1/5	8	1/5	5	6	1	6	3
13	3	3	2	1/3	6				5	3	5	2			
14	3	5	3	3	4	3	5		1/2	1	1/2	6	1/4		
15	1/3	6	2	3	6	3	5	3	5	1/5	3	5	6	3	
几何平均	2.862	4.824	1.888	4.155	4.403	5.182	2.275	2.013	4.700	1.060	2.476	4.445	3.461	4.925	1.140

序号	C1/C2	E1/E2	E1/E3	E2/E3	D1/D2	P1/P2	G1/G2	S1/S2	C11/C12	C21/C22	C21/C23	C22/C23	E11/E12	E21/E22	E21/E23
1	3	1/5	1/2	2	1	3	1/5	1/5	2	1	1/5	1/3	1/3	3	3
2	2	2	1/4	5	1	4	1/3		1	1	1/6	2	1	3	2
3	1	1	1/3	3	3	5	1/3	1/6	1/5	1/3	1/3	1/4	1/5	6	5
4	5	1/3	1/5	3	1	2	2	1	1	5	1/5	1/5	5		5
5	3	2	2	3	1/4	1/2	1/5	3	3	1	2	1/5	2	1/2	3
6	1	1/2	1	2	2	4	2	1/2	2	3	1	2	1/3	2	
7	1/5	2	1	6	3	5	2	1/5	3	2	1	2	4	6	
8	2	1/4	2	3	3	1/5	2	1/2	2	3	3	1/3	1/3	5	

续表

序号	C1/C2	E1/E2	E1/E3	E2/E3	D1/D2	P1/P2	G1/G2	S1/S2	C11/C12	C21/C22	C21/C23	C22/C23	E11/E12	E21/E22	E21/E23
9	1/3	1/3	1/3	1/2	1/3	5	2	1/3	1/3	1	1	1/2	1/4	2	1
10	5	1/5	1/4	5	2	1/3	3	1/4	5	2	1	1/5	1/5	1/2	3
11	2	2	3	2	1	2	1/6	2	2	1/2	1/4	2	1/2	3	3
12	6	1	1/4	1/3	2	3	1/2	1/5	5	1/3	1/6	1/6	2	4	5
13	2	3	1/3	2	1/3	2	2	2	1/5	2	1	1/3	1/3	5	3
14	1/3	1/4	2	1/4	2	2	1	1/5	1/3	3	1	1/3	5	2	2
15	5	2	1	1	3	1	1/3	2	1/5	3	3	2	3	5	1
几何平均	1.622	0.749	0.644	1.822	1.235	1.921	0.597	0.609	1.170	1.012	0.692	0.506	0.785	2.887	2.867

序号	E22/E23	E31/E32	D11/D12	D21/D22	D21/D23	D22/D23	P11/P12	P21/P22	G11/G12	G21/G22	S11/S12	S21/S22	S21/S23	S22/S23
1	2	5	1/5	3	3	2	1/5	5	4	1/3	1/4	1/3	6	5
2	3	3	1/3	3	5	1	1/2	7	6	2	1/2	2	3	4
3	1	5	2	5	6	1	1/3	3	5	1/5	1/3	3	5	3
4	1/3	1/2	1/4	2	2	1/5	2	2	3	1/7	5	5	5	5
5	2	3	1/2	5	3	3	2	5	2	1/5	2	3	6	6
6	1	4	2	6	2	4	1	6	3	3	1/5	1/3	1	5
7	1/2	5	3	3	1	1	2	5	5	3	2	2	1/5	3
8	1/3	2	1/6	1	1/3	1/2	1/6	2	5	1/3	5	1/3	5	5
9	2	1	1/7	2	5	1	1/2	3	1	2	1/4	1/3	2	3
10	3	5	2	1	3	1/3	3	4	6	1	1/3	5	5	3
11	1/3	3	3	1/3	4	2	1/3	2	5	1	1/2	3	6	3
12	3	1/4	1	5	3	3	1/4	1/3	3	1/3	3	3	1	6
13	1/3	3	1/2	1/3	3	1	1/3	2	1/3	1/5	3	5	1/3	2
14	5	5	1/5	2	2	1	1/3	5	2	2	1/6	1/2	1/3	1
15	2	6	1/5	3	5	3	1/2	2	3	3	1/4	5	5	2
几何平均	1.188	2.582	0.580	2.067	2.697	1.458	0.500	3.310	2.845	1.251	0.422	1.875	1.705	3.384

（三）计算评价指标权重

综合每个调查对象的填表结果，构造并检验了判断矩阵，调整矩阵使其满足 CR < 0.1 的一致性。

在权重计算部分，本书采用判断矩阵综合法，用加权几何平均方法来综合判断矩阵。具体步骤如下：

（1）目标层 C、E、D、P、G、S 相对于 W 的判断矩阵为：

$$d_Q = \begin{bmatrix} 1 & 2.87 & 4.82 & 1.89 & 4.16 & 4.4 \\ \frac{1}{2.87} & 1 & 5.18 & 2.27 & 2.013 & 4.7 \\ \frac{1}{4.82} & \frac{1}{5.18} & 1 & 1.06 & 2.48 & 4.45 \\ \frac{1}{1.89} & \frac{1}{2.27} & \frac{1}{1.06} & 1 & 3.46 & 4.93 \\ \frac{1}{4.16} & \frac{1}{2.013} & \frac{1}{2.48} & \frac{1}{3.46} & 1 & 1.14 \\ \frac{1}{4.4} & \frac{1}{4.7} & \frac{1}{4.45} & \frac{1}{4.93} & \frac{1}{1.14} & 1 \end{bmatrix}$$

计算出权重因子为：

$$W_Q = \begin{bmatrix} 0.376 \\ 0.249 \\ 0.118 \\ 0.167 \\ 0.068 \\ 0.021 \end{bmatrix}$$

并计算得到：$\lambda_{max} = 6.024$，$CI = 0.048$，$CR = 0.038 < 0.1$。

（2）C1、C2 相对于 C 的判断矩阵为：

$$d_C = \begin{bmatrix} 1 & 1.622 \\ \frac{1}{1.622} & 1 \end{bmatrix}$$

计算出权重因子：

$$W_C = \begin{bmatrix} 0.618 \\ 0.382 \end{bmatrix}$$

并计算得到：$\lambda_{max} = 2$，$CI = 0$，$CR = 0 < 0.1$。

（3）E1、E2、E3 相对于 E 的判断矩阵为：

$$d_E = \begin{bmatrix} 1 & 0.749 & 0.644 \\ \dfrac{1}{0.749} & 1 & 1.1822 \\ \dfrac{1}{0.644} & \dfrac{1}{1.1822} & 1 \end{bmatrix}$$

计算出权重因子为：

$$W_E = \begin{bmatrix} 0.258 \\ 0.382 \\ 0.36 \end{bmatrix}$$

并计算得到：$\lambda_{max} = 3.05$，$CI = 0.025$，$CR = 0.043 < 0.1$。

（4）D1、D2 相对于 D 的判断矩阵为：

$$d_D = \begin{bmatrix} 1 & 1.235 \\ \dfrac{1}{1.235} & 1 \end{bmatrix}$$

计算出权重因子为：

$$W_D = \begin{bmatrix} 0.59 \\ 0.41 \end{bmatrix}$$

并计算得到：$\lambda_{max} = 2$，$CI = 0$，$CR = 0 < 0.1$。

（5）P1、P2 相对于 P 的判断矩阵为：

$$d_P = \begin{bmatrix} 1 & 1.921 \\ \dfrac{1}{1.921} & 1 \end{bmatrix}$$

计算出权重因子为：

$$W_P = \begin{bmatrix} 0.657 \\ 0.343 \end{bmatrix}$$

并计算得到：$\lambda_{max} = 2$，$CI = 0$，$CR = 0 < 0.1$。

（6）G1、G2 相对于 G 的判断矩阵为：

$$d_G = \begin{bmatrix} 1 & 0.397 \\ \dfrac{1}{0.397} & 1 \end{bmatrix}$$

计算出权重因子为：

$$W_G = \begin{bmatrix} 0.315 \\ 0.685 \end{bmatrix}$$

并计算得到：$\lambda_{max} = 2$，$CI = 0$，$CR = 0 < 0.1$。

（7）S1、S2 相对于 S 的判断矩阵为：

$$d_S = \begin{bmatrix} 1 & 0.609 \\ \dfrac{1}{0.609} & 1 \end{bmatrix}$$

计算出权重因子为：

$$W_S = \begin{bmatrix} 0.322 \\ 0.678 \end{bmatrix}$$

并计算得到：$\lambda_{max} = 2$，$CI = 0$，$CR = 0 < 0.1$。

（8）C11、C12 相对于 C1 的判断矩阵为：

$$d_{C1} = \begin{bmatrix} 1 & 1.17 \\ \dfrac{1}{1.17} & 1 \end{bmatrix}$$

计算出权重因子为：

$$W_{C1} = \begin{bmatrix} 0.539 \\ 0.461 \end{bmatrix}$$

并计算得到：$\lambda_{max} = 2$，$CI = 0$，$CR = 0 < 0.1$。

（9）C21、C22、C23 相对于 C2 的判断矩阵为：

$$d_{C2} = \begin{bmatrix} 1 & 1.012 & 0.692 \\ \dfrac{1}{1.012} & 1 & 0.506 \\ \dfrac{1}{0.692} & \dfrac{1}{0.506} & 1 \end{bmatrix}$$

计算出权重因子为：

$$W_{C2} = \begin{bmatrix} 0.287 \\ 0.256 \\ 0.557 \end{bmatrix}$$

并计算得到：$\lambda_{max} = 3.05$，$CI = 0.0056$，$CR = 0.00097 < 0.1$。

（10）E11、E12 相对于 E1 的判断矩阵为：

$$d_{E1} = \begin{bmatrix} 1 & 1.506 \\ \dfrac{1}{1.506} & 1 \end{bmatrix}$$

计算出权重因子为：

$$W_{E1} = \begin{bmatrix} 0.336 \\ 0.664 \end{bmatrix}$$

并计算得到: $\lambda_{max} = 2$, $CI = 0$, $CR = 0 < 0.1$。

(11) E21、E22、E23 相对于 E2 的判断矩阵为:

$$d_{E2} = \begin{bmatrix} 1 & 2.887 & 2.867 \\ \dfrac{1}{2.887} & 1 & 1.188 \\ \dfrac{1}{2.867} & \dfrac{1}{1.188} & 1 \end{bmatrix}$$

$$W_{E2} = \begin{bmatrix} 0.465 \\ 0.312 \\ 0.323 \end{bmatrix}$$

并计算得到: $\lambda_{max} = 3.01$, $CI = 0.0048$, $CR = 0.0098 < 0.1$。

(12) E31、E32 相对于 E3 的判断矩阵为:

$$d_{E3} = \begin{bmatrix} 1 & 2.582 \\ \dfrac{1}{2.582} & 1 \end{bmatrix}$$

计算出权重因子为:

$$W_{E3} = \begin{bmatrix} 0.719 \\ 0.281 \end{bmatrix}$$

并计算得到: $\lambda_{max} = 2$, $CI = 0$, $CR = 0 < 0.1$。

(13) D11、D12 相对于 D1 的判断矩阵为:

$$d_{D1} = \begin{bmatrix} 1 & 0.58 \\ \dfrac{1}{0.58} & 1 \end{bmatrix}$$

计算出权重因子为:

$$W_{D1} = \begin{bmatrix} 0.367 \\ 0.633 \end{bmatrix}$$

并计算得到: $\lambda_{max} = 2$, $CI = 0$, $CR = 0 < 0.1$。

(14) D21、D22、D23 相对于 D2 的判断矩阵为:

$$d_{D2} = \begin{bmatrix} 1 & 0.58 & 2.697 \\ \dfrac{1}{0.58} & 1 & 1.458 \\ \dfrac{1}{2.697} & \dfrac{1}{1.458} & 1 \end{bmatrix}$$

计算出权重因子为:

$$W_{D2} = \begin{bmatrix} 1.16 \\ 1.36 \\ 0.254 \end{bmatrix}$$

并计算得到: $\lambda_{max} = 3.004$, $CI = 0.0024$, $CR = 0.0021 < 0.1$。

(15) P11、P12 相对于 P1 的判断矩阵为:

$$d_{P1} = \begin{bmatrix} 1 & 0.5 \\ \dfrac{1}{0.5} & 1 \end{bmatrix}$$

计算出权重因子为:

$$W_{P1} = \begin{bmatrix} 0.333 \\ 0.667 \end{bmatrix}$$

并计算得到: $\lambda_{max} = 2$, $CI = 0$, $CR = 0 < 0.1$。

(16) P21、P22 相对于 P2 的判断矩阵为:

$$d_{P2} = \begin{bmatrix} 1 & 3.31 \\ \dfrac{1}{3.31} & 1 \end{bmatrix}$$

计算出权重因子为:

$$W_{P2} = \begin{bmatrix} 0.768 \\ 0.232 \end{bmatrix}$$

并计算得到: $\lambda_{max} = 2$, $CI = 0$, $CR = 0 < 0.1$。

(17) G11、G12 相对于 G1 的判断矩阵为:

$$d_{G1} = \begin{bmatrix} 1 & 2.845 \\ \dfrac{1}{2.845} & 1 \end{bmatrix}$$

计算出权重因子为:

$$W_{G1} = \begin{bmatrix} 0.74 \\ 0.26 \end{bmatrix}$$

并计算得到：$\lambda_{max} = 2$，CI $= 0$，CR $= 0 < 0.1$。

（18）G21、G22 相对于 G2 的判断矩阵为：

$$d_{G2} = \begin{bmatrix} 1 & 1.251 \\ \dfrac{1}{1.251} & 1 \end{bmatrix}$$

计算出权重因子为：

$$W_{G2} = \begin{bmatrix} 0.556 \\ 0.444 \end{bmatrix}$$

并计算得到：$\lambda_{max} = 2$，CI $= 0$，CR $= 0 < 0.1$。

（19）S11、S12 相对于 S1 的判断矩阵为：

$$d_{S1} = \begin{bmatrix} 1 & 0.422 \\ \dfrac{1}{0.422} & 1 \end{bmatrix}$$

计算出权重因子为：

$$W_{S1} = \begin{bmatrix} 0.215 \\ 0.785 \end{bmatrix}$$

并计算得到：$\lambda_{max} = 2$，CI $= 0$，CR $= 0 < 0.1$。

（20）S21、S22、S23 相对于 S2 的判断矩阵为：

$$d_{S2} = \begin{bmatrix} 1 & 1.875 & 1.705 \\ \dfrac{1}{1.875} & 1 & 3.384 \\ \dfrac{1}{1.705} & \dfrac{1}{3.384} & 1 \end{bmatrix}$$

计算出权重因子为：

$$W_{S2} = \begin{bmatrix} 1.472 \\ 1.217 \\ 0.748 \end{bmatrix}$$

并计算得到：$\lambda_{max} = 3.012$，CI $= 0.0016$，CR $= 0.0029 < 0.1$。

由以上计算结果得知，所有判断矩阵均满足 CR < 0.1，符合一致性检验，因此，计算所得权重是有效的。

综合上面 20 个矩阵计算所得权重因子，得到全部评价指标权重（见表 5 - 6）。

表 5－6　　　　　　　品牌关系质量评价的因子层次结构与权重

品牌关系质量BRQ	品牌与顾客关系（C，0.376）	满意（C1，0.618）	产品（服务）满意度（C11，0.539）
			企业品牌形象满意度（C12，0.461）
		承诺（C2，0.382）	情感忠诚度（C21，0.287）
			行为忠诚度（C22，0.256）
			口碑传播忠诚（C23，0.557）
	品牌与企业员工关系（E，0.249）	信任（E1，0.258）	企业发展信心感知（E11，0.336）
			信用度（E12，0.664）
		满意（E2，0.382）	工作喜欢程度（偏好）（E21，0.465）
			安全感（E22，0.312）
			公平感（E23，0.323）
		承诺（E3，0.36）	工作卷入度（E31，0.719）
			忠诚度（E32，0.281）
	品牌与分销商关系（D，0.118）	满意（D1，0.59）	品牌和产品满意度（D11，0.367）
			沟通与合作满意度（D12，0.633）
		承诺和依赖（D2，0.41）	合作意愿（D21，0.418）
			行为忠诚度（D22，0.49）
			依赖性（D23，0.102）
	品牌与社会公众关系（P，0.167）	信任（P1，0.657）	企业品牌知名度（P11，0.333）
			企业品牌美誉度（P12，0.667）
		承诺（P2，0.343）	口碑忠诚度（P21，0.768）
			顾客化意愿（P22，0.232）
	品牌与股东（投资者）关系（G，0.068）	满意（G1，0.315）	收益实现预期目标（G11，0.74）
			企业管理状况满意度（G12，0.26）
		承诺（G2，0.685）	继续投资意愿（G21，0.556）
			顾客化意愿（G22，0.444）
	品牌与供应商关系（S，0.021）	满意（S1，0.322）	需求量和稳定性满意度（S11，0.215）
			沟通与合作满意度（S12，0.785）
		承诺和依赖（S2，0.678）	合作意愿（S21，0.428）
			忠诚度（S22，0.354）
			依赖性（S23，0.218）

　　由于在三级指标设计过程中参考了国内外学者相关研究成果中的评价维度、指标或成分，并且通过专家评分作为权重确定的基础，因此，信

度、效度有保证，本书不再进行效度和信度检验。

根据表 5 - 6 列出的底层次指标值的权重值，通过底层权重指标和上层因子之间的关系，可以得到底层因子对决策目标层"品牌关系质量"的权重指标。企业通过市场调查得到其品牌关系质量指标的综合评价，然后通过权重系数的求解，得出品牌关系质量水平，为企业品牌关系质量的评价和管理提供参考依据。

在评价具体的企业品牌关系质量时，首先对 6 种利益相关者对品牌的态度进行调研，把调研数据代入评价模型，通过计算获得的品牌关系质量指数，折合为百分制以后，可以作为品牌关系质量评价依据。根据品牌关系质量指数（BRQ）得分情况进行评价：

BRQ ≥ 85，品牌关系质量高；

75 ≤ BRQ < 85，品牌关系质量较高；

65 ≤ BRQ < 75，品牌关系质量一般；

55 ≤ BRQ < 65，品牌关系质量较差；

BRQ < 55，品牌关系质量差。

此外，还可以根据对三级评价指标调研数据的大小和权重，来判断企业品牌关系中关系较好的利益相关者和关系因素，以及企业品牌关系较差的利益相关者和关系因素中的薄弱环节，以利于企业有的放矢，进行品牌关系质量管理的改进。

第四节　企业品牌关系管理整合程度评价

以上建立了品牌关系质量水平的评价模型和指标体系。通过该模型就可以对企业品牌关系质量进行评价，但这种评价得到的关系质量指数，是一种对质量结果的评价（尽管从各指标调研数据上能够发现企业品牌关系的薄弱环节）。有时候企业品牌和各个利益相关者之间的关系都处于比较高的水平，计算所得总的关系质量水平就会很高，但是，如果企业品牌与各利益相关者的关系没有有效整合，对不同的利益相关者所传达的关于企业品牌形象方面的信息不统一，没有做到"同一个声音""同一个形象"的沟通与传播，则品牌关系管理的整合度就会比较差，品牌建设资源就会出现浪费现象，最终将影响整体关系质量水平。那么，是否能从对企业品牌关系管理行为角度评价企业品牌关系管理整合状况呢？

利益相关者视角下的品牌关系管理水平，一个重要的特征就是"整合"程度。"整合"本来就不是一个新的概念，组织就像生命的系统一样，本身就有其完整性。在中国古代的基本哲学思维里，就体现着"整体观"的思想，利益相关者视角下的品牌关系管理就是要让企业部门、利益相关者和企业使命重新整合。

德鲁克（1954）在其代表性著作《管理的实践》中指出："任何企业必须成为一个真正的协作体，把个人的努力凝合成为共同的努力，企业中的每一个成员的贡献有所不同，但是，大家都必须为了一个共同的目标，他们的努力都必须朝着同一个方向，他们的贡献联结在一起必须产生出一个完整的东西——没有漏洞，没有摩擦，没有不必要的重复劳动。"[①] 20世纪90年代初，整合营销的思想开始出现，邓肯等（1997）把整合营销发展成为一种企业对利益相关者关系管理的方法，并开发了一套较为复杂的整合营销测试法。为了使用方便，他又开发了一个简化版《整合营销审计表》，该审计表包括 20 项问题，从基础组织、互动、使命营销、战略一致和计划与评估五个方面评价企业的整合营销状况。本书认为，可以对邓肯等的《整合营销审计表》做一定的修改，用来评价企业品牌关系管理的整合程度。本书在邓肯等简化版"整合营销审计表"[②] 的基础上稍作调整，设计了《品牌关系管理整合度评价表》，在第八章中，将用该《品牌关系管理整合度评价表》对案例企业的关系管理的整合度进行测试和评价。

在评价具体的企业品牌关系整合度时，首先利用《品牌关系管理整合度评价表》对企业管理者和品牌关系管理状况进行调研，把调研所得的评价分数折合为百分制以后，作为品牌关系整合度评价依据。根据品牌关系（品牌与利益相关者关系）整合度（BRI）得分进行评价：

BRI≥85，品牌关系整合度高；

75≤BRI<85，品牌关系整合度较高；

65≤BRI<75，品牌关系整合度一般；

---

① ［美］彼得·德鲁克：《管理的实践》，帅鹏等译，中国工人出版社 1989 年版，第 145—146 页。

② Tom Duncan and Sandra Moriarty, *Driving Brand Value: Using Integrated Marketing to Manage Profitable Stakeholder Relationships*, New York: McGraw – Hill, 1997, pp. 27 – 28.

$55 \leqslant BRI < 65$，品牌关系整合度较低；

$BRI < 55$，品牌关系整合度低。

此外，还可以根据整合度评价表对企业调查中不同问项的得分情况，来判断企业品牌关系整合度较好的环节和较差的环节，据此，企业可以有针对性地对品牌关系整合状况中的薄弱环节进行改进。

本章小结

本章构建了品牌关系质量评价的层次分析法（AHP）模型，是全书的重点内容之一。首先，在品牌关系维度研究回顾的基础上，构建了品牌关系质量评价维度，把品牌与利益相关者关系依据 6 种主要利益相关者的关系，分为 6 个一级指标，每个一级指标考察一种利益相关者与品牌的关系，把利益相关者与品牌的关系质量维度作为二级评价指标，然后进一步分解成三级指标，在此基础上形成评价指标体系。用专家意见法，通过调查和数据整理，计算出指标体系的权重。本章还初步探讨了品牌关系整合度评价问题。

本章构建的评价方法和评价模型，是建立在人际关系基础上，注重关系主体之间的"一对一"关系，没有考虑或者较少考虑关系主体所嵌入的关系网络因素，而关系主体所嵌入的关系网络，也是一个不可忽视的因素，本书下一章将基于社会网络分析，对社会网络环境下的品牌关系质量评价和管理做初步探讨，作为对人际关系视角下品牌关系质量评价的补充。

第六章 基于社会网络分析的品牌关系评价初步研究

　　品牌关系理论是基于社会心理学中的人际关系理论发展出来的品牌理论，当前的研究大多仍然是基于传统人际关系理论视角，这种视角注重关系主体之间的"一对一"关系，注重关系主体之间的利益需求与互动，没有考虑或者较少考虑关系主体所嵌入的关系网络背景。随着经济、社会和商业的网络化发展，关系网络越来越成为关系分析和关系管理需要考虑的重要背景与变量。品牌关系的考察不应局限于个体之间，而应考虑关系主体（企业品牌与其利益相关者）所处的关系网络特征。

　　社会网络已经成为考察"关系"所不能忽视的重要因素。鉴于社会网络对于品牌关系的研究还是一个尝试，基于社会网络分析的品牌关系质量评价和管理，在本书中只作为一个辅助评价方法，主要是基本理念和方法的探讨，在制定品牌关系质量管理策略时，把社会网络作为一个影响因素加以考虑。

　　古梅森（2002，2008）指出，商业和社会一样，都是一个关系网络。"在关系营销时代，关系、网络和互动为王"，他对基本的营销关系和关系网络进行了比较（见图6-1），并对商业和营销中的30个关系进行了描述与分析，提出了全面关系营销的概念和方法。在关系网络时代，对关系的分析需要有新的视角和方法，社会网络分析为我们提供了一个研究关系网络的有力工具。社会网络分析是一种新的社会科学研究范式和关系分析方法，从社会网络的要素和社会网络分析的主要特征来看，其研究视角和研究方法同样适用于品牌关系的分析与研究。

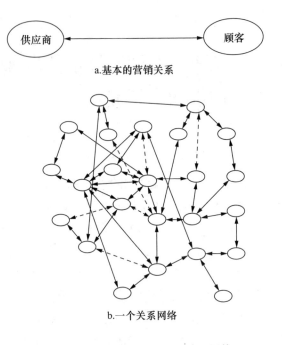

图 6 - 1　基本的营销关系和关系网络

资料来源：Evert Gummesson, *Total Relationship Marketing*, Oxford：Butterworth – Heinemann,
Second edition, 2002, p. 4。

第一节　社会网络和社会网络分析概述

　　自然界和人类社会各领域中都广泛地存在各种"网络"，我们生活在一个充满各种各样的复杂网络的世界中。在社会和经济生活中，分布着大量的社会网络，基于社会网络的分析方法被称为社会网络分析（Social Network Analysis，SNA），它是西方社会学的一个重要分支，也是一种新的社会科学研究范式和关系分析方法（刘军，2004；张存刚等，2004）。社会网络分析用于描述和测量行动者之间的关系以及通过这些关系流动的各种信息和资源等，最初主要应用于社会学领域的研究之中，20世纪90年代以后，开始逐步应用于组织和管理问题的研究，目前已经成为管理学研究的前沿领域之一，被一些学者称为管理学研究中的社会网络范式

（张闯，2011）。

　　社会网络分析用于描述和测量行动者之间的关系以及通过这些关系流动的各种信息和资源等。一般认为，英国人类学家布朗（Brown，1940）首次使用了"社会网络"的概念；随后巴尼斯（Barnes，1954）首次使用"社会网络"的概念来分析挪威某渔村的阶级体系和社会结构。此后，社会网络分析被视为是研究社会结构的最简单明了、最具有说服力的研究工具之一。继社会网络分析在社会科学领域获得重大应用之后，20世纪末又出现了一种广泛应用在自然科学与社会科学领域的复杂网络理论。近年来，随着数学工具和计算机技术的引入与发展，社会网络分析发展极为迅速，其研究观点使现在的网络动态学成为的显学，并与刚刚兴起的"复杂理论"的概念不谋而合，进而形成了系统科学领域的复杂网络理论（罗家德等，2008；李金华，2009）。在社会学领域，沿着社会网络理论的脉络进一步发展，出现了社会资源理论和社会资本理论。鉴于社会网络分析和复杂网络分析有许多共同之处，或者说两者本身有着共同的渊源，本书把两者结合起来进行分析，故在书中一些社会网络分析中也会出现一些复杂网络的原理和模型。①

　　关于社会网络的概念，目前尚无统一的定义，比较有代表性的概念有：米切尔（1969）认为，社会网络是一群特定的个人之间的一组独特的联系；威尔曼（Wellman，1988）认为，社会网络是由某些个体（个人、组织等）间的社会关系构成的相对稳定的系统；刘军（2004）认为，社会关系网络是指社会行动者及其间的关系的集合；彭澎（2007）认为，社会网络是由作为网络行为者的社会实体及其相互之间的各种社会关系交织在一起的集合体，是一种能够提供资源的"资源"。本书认为，社会网络是社会行动者（包括个人、组织、区域、国家等）及他们之间的各种复杂关系组成的集合，它是一种关系网络，行动者可以通过它获取各种资源和社会支持。以"关系"为视角的品牌理论被称为品牌关系理论，它认为，企业品牌的实质是品牌与顾客或利益相关者之间的互动关系。早期

---

　　① 事实上，这些原理和模型，正在越来越多地用在社会网络分析上。从这个现象来看，似乎社会网络是复杂网络的一种形式，所以，有学者认为，社会网络是复杂网络在社会研究中的应用。但据考证，社会网络分析出现的年代要早于复杂网络，所以，本书认为，两者是互相借鉴和渗透的。复杂网络所涉及的范围更广，涉及生命科学（神经网络、生态网络）、互联网、交通网络、电力网络等。复杂网络研究中的一些数学工具和方法越来越多地用在社会网络分析中。

的品牌关系理论注重顾客与品牌的互动，随着商业环境的变化和企业经营理念的变革，企业与顾客之外的投资者、社会公众、媒体、中间商、社区等其他利益相关者之间的相互作用和相互影响也越来越大，由此产生了品牌与利益相关者互动基础上的品牌关系理论。显然，品牌关系是描述和研究品牌与顾客以及其他利益相关者之间组成的复杂的关系网络中主体之间的关系，社会网络分析为品牌关系的研究提供了一种新的分析工具和研究方法。

第二节　品牌关系社会网络分析的基本要素

利益相关者视角下的品牌关系认为，组织品牌管理的本质是对组织品牌与利益相关者的关系进行管理。当前，对品牌关系的研究大多是基于社会心理学的视角，缺乏社会网络视角的研究。

社会网络分析作为一种新的社会学分析方法，把关系作为研究的核心，发展出一整套系统地收集、整理、分析关系数据的技术和方法（刘军，2004），建立了社会学研究中微观和宏观之间的联系。从社会网络的要素和社会网络分析的主要特征来看，其分析方法同样适用于品牌关系的分析和研究。

在社会网络分析中，"网络"是联结行动者的一系列社会联系或社会关系，社会网络是社会行动者及他们之间的关系网络的集合，是由个体之间的社会关系所构成的相对稳定的体系。这里，个体可以是个人、组织，也可以是区域或国家，个体间的关系可以是人际关系，也可以是交流渠道、商业交换或贸易往来（徐琦，2000）。社会网络分析方法主要涉及行动者和社会关系两个最基本要素。前者一方面是有意识的行为主体，另一方面其行为又不得不受社会网络的制约；后者则是在行动者之间因某些特定的关系而发生互动的基础上积累起来的联系模式（张存刚等，2004）。

一　行动者

行动者，或称社会行动者，是社会分析的任何单位，如个人、群体、组织、社区、国家等。在品牌关系分析中，行动者可以看作是品牌关系的主体。关于品牌关系的主体，在品牌关系理论发展过程中，有不同的观点。以布莱克斯顿（1992，1995，2000）为代表的一些学者提出的品牌关系模型重点描述了品牌和顾客之间的互动关系。穆尼兹（Muniz，2001）和麦克亚历山大（2002）等提出了品牌—社群三角模型和品牌—社群四重关系网络模型，进一步扩展了关系主体研究范围，除研究品牌和顾客之间的互动之外，把相关顾客之间的互动关系也纳入进来，并增加了社群与企业、社群与产品之间的关系。戴维斯（2003）探讨了供应链关系中品牌权益的含义，提出了基于供应链的品牌关系模型，把品牌主体扩展到品牌制造商、供应商、分销商、顾客等。邓肯等（1997）提出了利益相关者"价值域"的概念，把品牌关系的主体扩大到利益相关者。显然，在基于利益相关者视角下的品牌关系的社会网络分析中，行动者（节点）是指组织品牌本身和员工、股东（投资者）、供应商、最终顾客、分销商、竞争者、金融机构、媒体、政府、社会公众等利益相关者。

二　社会关系

社会网络中的"关系"常常代表关系的具体内容（Relational Content）或者实质性的现实发生的关系。可以借助社会网络分析来对品牌关系进行分析的"关系"内容包括：主体之间的评价关系，如对品牌的喜欢、尊重等；物质资本的传递和非物质资源的转换关系，如品牌购买、商业往来、物资交流和信息的交换等；隶属关系，如顾客参加某品牌俱乐部、顾客保护协会等；行为上的互动关系，如顾客建议、参加展销会、顾客拜访等；行动者（品牌与利益相关者）之间的喜欢、尊重、信息和资源的转移传递（商品、货币、信息、情感）等联系和互动。

社会网络分析的要素主要包括行动者和关系，而品牌关系分析的要素也包括主体（品牌和利益相关者）和关系。图6-2对社会网络社群图：明星图和利益相关者关系图谱对比，图（a）是一个简单的社会网络社群图：明星图（明星图中的明星一般是指被选择次数最多的"领袖"），图中圆圈内的A、B、C、D、E和F代表行动者，箭头表示行动者之间的关系，双向箭头表示双向关系，单向箭头表示单向关系。图（b）是一个品牌利益相关者关系图谱，椭圆圈内的利益相关者是品牌关系主体，双向箭头表示互动关系。社会网络社群图：明星图（a）中的A，地位一般相当于品牌关系中的企业品牌，有时候可能是品牌消费中的某些意见领袖，B、C、D、E和F相当于与品牌发生互动的利益相关者（见图6-2）。

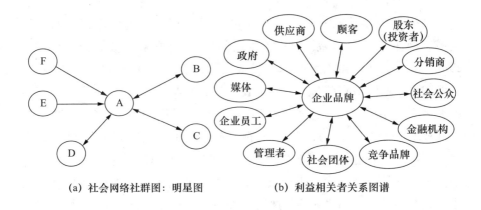

(a) 社会网络社群图：明星图　　　　(b) 利益相关者关系图谱

图 6 - 2　社会网络社群图和品牌关系图谱对比

资料来源：［美］约翰·斯科特：《社会网络分析方法》，刘军译，重庆大学出版社 2007 年版，第 9 页。笔者整理绘制。

第三节　品牌关系的社会网络特征

基于社会心理学的品牌关系和基于社会网络分析的品牌关系分析方法有许多共同点，又各有特点和优势。它们都认为，关系主体之间的互动是关系的来源和表现，基于社会心理学人际关系理论的品牌关系理论侧重于质的描述和分析，而基于社会网络分析的品牌关系分析侧重于对关系进行量化分析，从而揭示关系的结构，进而解释品牌关系中的内容、结构和关系质量。

社会网络分析采用关系数据分析关系结构的特点，它不仅可以很好地探究关系的结构问题，还可以深入分析关系网络特点与个体属性的关系，已成为近年来关系研究的新取向（徐伟等，2011）。品牌关系的特征符合社会网络分析的基本观点：世界主要是由网络而不是由群体或主体组成的；网络结构环境影响或制约主体行动；行动者及其行动是互依的单位，而不是独立自主的实体；行动者之间的关系是资源流动的渠道；可以用网络模型把各种（社会的、经济的、政治的）结构进行操作化，以便研究行动者之间的持续性的关系模式；从社会关系角度入手进行的社会学解释要比单纯从主体（或者群体）属性角度给出的解释更有说服力等（徐琦，

2000）。社会网络分析的这些重要观点和分析方法为品牌关系的研究提供了一个全新的视角和工具。

一　注重关系数据和关系网络

人际关系视角的品牌关系在研究双方互动关系时，按照不同的"属性类别"划分不同的关系主体，重视品牌个性与顾客个性特点，关注彼此的心理行为特点、利益和需求等"属性数据"，在分析网络化"关系"时具有一定的局限性。社会网络分析尤其适用于分析"关系数据"，它认为关系能够把行动者连接成为一个更大的关系系统（网络系统），关系不是行动者的属性，而是行动者的系统属性，关系表达了行动者之间的关联。社会网络理论还认为，应该根据行动者之间的关系模式来理解观察到的行动者的属性特征，行动者之间的关系居于首要地位，即要把解释建立在关系模式之上，从社会关系视角进行社会学解释要优于从个人属性的视角进行解释。在品牌关系分析中，关系主体（行动者）处于一定的网络之中，不仅要考察其属性数据，还有必要从关系网络视角分析其关系数据。

二　注重"多人关系"和"多重关系"

人际关系视角的品牌关系主要考虑"二人关系"，较少考虑品牌之外其他关系主体成员之间的二人互动关系、多人互动关系和多重关系之间的互动。虽然有学者（Duncan，1997）意识到了品牌关系主体即利益相关者角色之间存在多人互动关系和交叉重叠关系（比如一个员工可能同时是企业的股东和顾客），并提出了经营所有利益相关者关系的互动网络是非常有必要的，但人际关系视角的品牌关系理论对这种交叉关系尚没有具体的分析方法和深入的分析结论。社会网络分析较为关注行动者之间的多人关系和多重关系，认为多重关系是指两个行动者之间的连接关系存在"多维兴趣点"，比如两个同学之间可能同时存在友谊关系和恋爱关系，两个国家之间可能存在贸易关系、外交关系和文化往来（刘军，2004），这种多重关系恰恰和邓肯提出的品牌关系主体之间关系的"交叉重叠"相一致。针对多人关系和多重关系，社会网络分析还提供了更为具体的分析研究方法，比如可以构建二人关系模型、三方关系模型以及整个群体层次模型等。图 6-3 对比了推广的社会网络（星形网络）图和利益相关者关系互动网络模型，可以看出，两者的互动主体和互动关系组成的"互动网络"是非常相似或基本一致的（见图 6-3）。

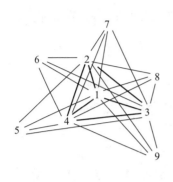 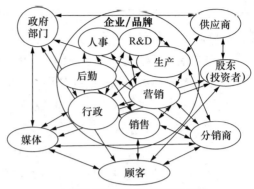

<table>
<tr><td>a.推广的社会网络（星形网络）图
（核心—边缘结构）</td><td>b.利益相关者关系互动网络模型
（考虑内外部利益相关者）</td></tr>
</table>

图 6 – 3　社会网络（星形网络）图和品牌关系互动网络模型

资料来源：刘军：《社会网络分析导论》，社会科学文献出版社 2004 年版，第 272 页。Tom Duncan and Sandra Moriarty，*Driving Brand Value*：*Using Integrated Marketing to Manage Profitable Stakeholder Relationships*，New York：McGraw – Hill，1997，p. 13。

三　注重关系嵌入的社会环境和关系网络

　　人际关系视角的品牌关系注重研究品牌和各主体之间、成员之间的互动，忽视行动者所嵌入的社会环境因素和网络互动的影响。事实上，社会网络为行动者提供了行动的机会和限制因素，只有在由各种联系构成的结构脉络中，才能更完整地理解二人和多人互动关系。社会网络分析认为，行动者及其行动是相互依赖的，而不是独立的，因而应该把"关系"看成分析单位，把结构看成是行动者之间的关系模式，这样，就可以深入地分析社会现象的关系本质（刘军，2004）。社会网络结构与行动其实是互为因果的：个体行动会自组织出社会网络结构，社会网络又会产生集体行动与场力，场力又会影响社会网络结构，场力与结构对个体行动具有约束力量（罗家德等，2008）。个体（组织）所嵌入的关系网络对其活动的成败可能会有重要的影响（马汀·奇达夫、蔡文琳，2007）。在品牌关系中，品牌关系主体和品牌关系网也是相互影响、相互依存的，品牌所嵌入的品牌关系网对品牌关系的质量和品牌资产变化也有重要影响。正如邓肯（1997）所言：品牌存在于利益相关者相互作用的范畴之内，不论企业与这些互动是否有直接关联，这些互动对品牌关系和品牌资产的影响都极为深刻。

四 品牌关系的社会资本特征

建立在社会网络理论之上的社会资本理论对品牌关系的解释。社会资本的概念由法国学者皮埃尔·鲍迪厄（Pierre Bourdieu）于 20 世纪 70 年代提出，詹姆斯·科尔曼（James Coleman，1988）以微观和宏观的联结为切入点对社会资本做了较系统的研究，并提出了社会关系是一种社会资源的观点。美国著名华裔社会学家林南在社会网络研究的基础上提出了社会资源理论，又在社会资源理论基础上展开社会资本的研究。他认为，社会资本是行动者在行动中获取和使用的嵌入社会网络（关系）中的资源（如权力、财富、声望等），这些资源并不为个人所直接占有，而是通过个人的直接或间接的社会关系来获取，个体社会网络的性质、网络成员的地位、个体与网络成员的关系力量决定着个体所拥有社会资源的数量与质量（林南，2005）。基于社会资本理论的视角，品牌关系就是一种蕴藏在关系中的资源和资本，即品牌关系本质上是一种社会资本。

第四节 社会网络视角下的品牌关系 分析与测量

一 研究边界的确定

在具体的社会网络分析中，首先要确定研究对象的总体，即确定研究边界，社会网络分析的边界确定方法有多种。虽然从理论上说行动者的规模总是有限的，对于规模确定且数量较小的关系主体（行动者）集体（如作为只有少数购买者且其他利益相关者也比较少而明确的企业），研究边界有着明确的界限，但是，对于那些规模庞大的行动者集合（如快速消费品的顾客和其他利益相关者数量巨大且不易确定的企业）来说，全部纳入调研范围是不切合实际的，研究需要列出有限的行动者集合，否则就无法展开研究。劳曼等（Laumann et al.，1983）提出了两个确定界限的方法：唯实论法和唯名论法。当品牌关系主体数量众多或者是难以全部调研时，就需要采取抽样调查研究，适合社会网络分析的抽样技术主要包括滚雪球抽样和随机网络方法（刘军，2004）。在研究边界明确之后，就可以对品牌关系主体（行动者）进行测量和给出变量（结构性变量或者属性变量）进行进一步研究了。

二 基于社会网络分析的品牌关系描述方法

社会网络主要有两种数学描述方法：图论和矩阵代数。图论关注一系列要素构成的集合及这些要素之间的关系，要素是"点"，关系是"线"，一个关系网络就可以用一个点和线组成的图来表示（刘军，2004）。图论记法是一种比较基本的标记行动者及其相互关系的表示方法，社会网络关系可以用基于图论的语言和符号的社群图精确而简洁地加以描述。在品牌关系社会网络分析中，可以把品牌关系抽象为关系主体个体（顶点）以及个体之间的相互作用（边）而形成关系图，其"顶点"代表品牌和利益相关者个体，而"边"代表主体之间相互的友谊、交往、信息传播、资源交换、空间上的接近等具体品牌关系形态。如可以把一个具体品牌关系网络抽象为一个由点集 V 和边集 E 组成的图 G = (V，E)，关系主体数（节点数）记为 N = │V│，边数记作 M = │E│，边集 E 中的每条边都在 V 中存在与之对应的两个点。如果对每条边都赋予一定的权值，称为加权网络，在品牌关系中可以表示关系双方的熟悉程度。对于无权网络也可以看作是每条边的权值都为 1 的加权网络（等权网络）（汪小帆等，2006）。

利用社群图描述和分析关系网络具有明确和清晰的特点，但是，在关系主体数量众多的情况下，社群图就会变得相当复杂了，而此时利用矩阵代数来描述和分析关系网络就显示出一定的优势。在关系矩阵中，行和列代表一个关系网络中的关系主体，矩阵中的要素代表各个主体之间的关系。矩阵不仅是一种关系的描述方法，还可以进行必要的运算，以进一步研究主体之间的关系。

三 基于社会网络分析的品牌关系测量主要内容

社会网络分析可以分为两种基本视角：关系取向和位置取向。关系取向关注行动者之间的社会性黏着关系，通过社会联结本身的规模、密度、强度、对称性等来说明特定的行为和过程。本书认为，以关系取向为视角的评价和测量方法更适合对品牌关系的分析。一般来说，具有大规模的、强的、密集的且相对孤立的品牌关系网络有利于品牌传播，并有助于促进品牌忠诚和品牌资产的形成。

（一）品牌关系网络的规模

处于特定品牌关系网络中的关系主体之间有着或多或少、或强或弱的关系，关系网络的规模表示关系主体间关系的数量。当考察某一个特定关系主体的关系规模时，就变成了对关系网络集中度的测量。

（二）品牌关系网络集中度

品牌关系网络集中度是指特定节点（行动者、关系主体）所凝聚的联结数量，是衡量一个网络中的联结集中于一个或者几个节点的程度，在社群图中即为与此节点关联的边数。一般来说，节点联结的数量越多，这个节点在网络中的地位就越重要。在品牌关系网络中，品牌本身或者品牌传播中意见领袖多表现为较高的集中度。

（三）品牌关系聚类系数

在日常关系网络中，某一个人的朋友中有些人（至少两个）彼此可能也是朋友，这种属性被称为网络的聚类特性（集群性）。一般来说，假设网络中的一个节点 i 有 k_i 条边将它和其他节点相连，这 k_i 个节点就称为节点 i 的邻居，k_i 为节点 i 的度数。在这个 k_i 个节点之间最多可能有 $k_i(k_i-1)/2$ 条边。用 E_i 表示 k_i 个节点之间存在的边数，用 C_i 表示 E_i 和所有可能的边数 $k_i(k_i-1)/2$ 之比，即 $C_i=2E_i/[k_i(k_i-1)]$，C_i 称为 i 的聚类系数（汪小帆等，2006）。

从几何特点看，可以把 C_i 等价定义为：

$$C_i = \frac{3 \times \text{网络中三角形的总数}}{\text{网络中三个联结节点的总数}} \qquad (6-1)$$

分子乘以 3 是因为每个三角形在 3 个联结节点的总数中需要计算三次。

把所有节点的聚类系数相加，除以节点的个数得到整个网络聚类系数 C：

$$C = \frac{\sum_{i=1}^{n} C_i}{n} \quad (0 \leqslant C \leqslant 1) \qquad (6-2)$$

当所有节点（行动者）没有任何联结的边，把所有的节点都称为孤立的节点（见图 6-4）。

当且仅当所有节点为孤立点时，$C=0$。

当网络中任意的两个节点都是直联结节点时，就称作网络是全局耦合的（见图 6-5）。

当且仅当网络是全局耦合时，$C=1$。

对于一个含有 N 个节点的完全随机的网络，当 N 很大时，$C=O(N-1)$。在通常情况下，许多大规模的实际网络都具有明显的聚类效应，它们的聚类系数远大于 $O(N-1)$，但是，小于 1。在一个网络中，当网络的节点个数趋于无穷时，可以把该网络的聚类系数用 $O(N-1)$ 来代替。

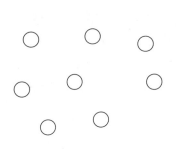

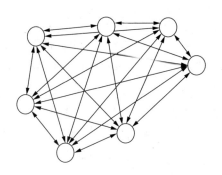

图6-4　孤立的节点示意　　　　图6-5　一个全局耦合网络

聚类系数可以用来分析诸如"品牌社群"之类的现象。"物以类聚，人以群分"。在品牌的顾客中，基于相同的消费体验和感受，很多顾客加入了一些品牌社群（如某些品牌俱乐部）。品牌社群是使用同一品牌的顾客所形成的一系列社会关系网，反映的是以某一品牌为中心的社会集合体，强调的是基于对某一品牌的使用、情感和联系而形成的顾客与顾客之间的关系。

品牌社群关系网中包含的主要关系有顾客与品牌、顾客与企业、顾客与其所使用的产品以及顾客与其他同类顾客之间的关系。聚类系数可以用来分析品牌社群中的集聚特征，以便于对这种顾客之间的关系网络进行引导和管理。

（四）品牌关系网密度

品牌关系网密度是网络中一组行动者之间关系的实际数量和其最大可能数量之间的比率，当实际的关系数量越接近于网络中的所有可能关系的总量时，网络的整体密度就越大；反之则越小。在社群图中，密度表现为图中各节点之间关联的紧密程度，一个"完备"的图指的是一个其所有的节点之间都相互邻接的图，即每个节点都与其他节点直接关联，显然，这种具备完备性的关系网络即使在小网络中也极其少见，由于品牌关系网是以品牌为中心的关系网，对品牌关系网密度的分析更接近于"个体网"密度分析，"个体网"即"个体中心"网，是围绕某个特定的行动者（如企业品牌）而展开的社会网络。品牌关系的密度越大，说明品牌以及所有利益相关者之间的关系越多，品牌的知名度、影响力就越大。

（五）品牌关系（联结）强度

品牌关系（联结）强度是衡量品牌关系主体（行动者）之间联结紧

密程度的重要指标。联结的强弱可以通过"在某一联结上所花的时间量（包括频度和持续时间）、情感投入程度（亲密性）、熟悉程度（相互信任）和互惠性服务四个维度综合"来加以测量。联结的强度有强弱之分，互动的次数多、感情较深、关系亲密、互惠交换多的关系为强关系；反之则为弱关系。

（六）品牌关系的内容

网络关系的内容主要是指网络中各行动者之间联系的特定性质或类型。任何可能将行动者联系起来的东西都能使行动者之间产生关系，因此，内容的表现形式也是多种多样的，即便在相同的网络中，行动者之间的关系也会具有不同的内容。在品牌关系中，企业品牌与利益相关者等主体之间的交换关系、情感关系、信息沟通、投资关系、合作关系、监督关系等各种关系都可以成为品牌关系的具体内容（Miller，Merrilees；2013）。

（七）品牌关系网中的小集团

关系网中的小集团是一个大群体中的小群体，成员之间的关系强度超过其他群体成员。用图论的语言来说，一个小集团就是一个最大的完整子图（Luce and Perry，1949）。小集团的识别可以使用 K 丛方法。品牌关系网络中也存在大量小集团，如建立在互联网上某网站或者论坛上的品牌社群，企业可以利用这些小集团来强化对品牌的认知和忠诚。由于小集团存在交叉重叠现象，即某一个小集团中的成员可能也是其他小集团的成员，企业可以通过这种交叉重叠现象，增强品牌信息的传播。

第五节　人际关系视角和社会网络视角下的品牌关系比较

借鉴社会心理学中的人际关系理论发展起来的品牌关系理论，大多着眼于对品牌与顾客（或其他利益相关者）之间的互动关系研究，而对品牌与其他品牌之间、顾客与顾客之间、各利益相关者之间形成的关系网络之间的互动关系考虑不够或缺乏有效的分析工具。在当今信息传播和关系互动高度网络化的时代，仅仅"机械地"考虑品牌与顾客之间的关系已经难以揭示品牌关系的真实面貌，而引入社会网络分析方法分析品牌关系将是一个有益的探索。

事实上，两种视角下对品牌关系的分析不是相互矛盾的，它们存在共同的心理和行为基础成分，因而是两种可以相互融合和相互补充的分析方法，两种方法相结合能更完整地把握品牌关系的成分、结构和本质。比如，无论是人际关系视角还是社会网络视角，信任都是建立关系的基石，在社会网络中，信任还被认为是资源在网络内流动的基础。人际关系理论精于从微观层面刻画品牌与利益相关者的关系，而在理论和方法上的一致性和同步性等方面，社会网络和社会资本理论对关系的研究能够从微观层次延展到宏观层次（罗家德，2010）。品牌关系中的个体在与他人的人际互动中，也不断观察别人的互动关系，通过学习效应，来实现对网络关系的认知，进而进一步"修正"自己的行动和互动行为，通过这种作用机理，就可以在理论上把人际关系视角和社会网络视角的品牌关系统一起来。对品牌关系分析的两种视角的对比如表6-1所示。

表6-1　　　　品牌关系分析的人际关系视角与社会网络视角比较

品牌关系研究视角	人际关系视角	社会网络视角
分析关系类型	注重二人关系，对多人关系和多重关系关注较少	在研究二人关系的基础上，对于多人关系和多重关系有研究方法和模型
研究范式	个体主义方法	网络结构方法
关系构成形态	群体	网络
关注数据性质	注重属性数据，特别是情感数据	注重关系数据
关系背景	注重个性行为特征和群体情景	注重个体所嵌入的关系网，即网络情境
关系描述和测量	定性描述为主	有定量描述方法优势
研究层次	微观	微观和宏观

本书只是对社会网络视角下的品牌关系分析做了初步探讨。在研究范式的嵌入和衔接、理论的契合和实证应用研究上，都还有许多细致工作和深入研究有待进一步推进。随着经济学、管理学和社会学越来越深的融合和互动，这种新的社会科学研究范式和分析方法在品牌关系研究中必然会显示出越来越强大的生命力。

本章小结

当前，对于品牌关系的研究大多是基于传统人际关系理论视角，这种视角注重关系主体之间的需求与互动，没有考虑或者较少考虑关系网络背景。随着经济和社会网络化发展，关系网络越来越成为关系分析和关系管理需要考虑的重要变量。本章首先对社会网络和社会网络分析进行了概述，然后分析了品牌关系的社会网络特征和社会网络分析的基本要素。从研究边界的确定、基于社会网络分析的品牌关系描述方法和基于社会网络分析的品牌关系测量主要内容三个方面提出了社会网络视角下品牌关系的分析与测量的主要内容和评价指标。基于社会网络分析的品牌关系测量主要内容包括关系网络规模、关系网络集中度、聚类系数、关系网密度、关系（联结）强度、关系内容等。最后，对人际关系视角和社会网络视角下的品牌关系进行了比较。鉴于社会网络对于品牌关系的研究还是一个尝试，基于社会网络分析的品牌关系质量评价和管理，在本书中只作为一种辅助评价方法，主要是基本理念和方法的探讨，在制定品牌关系质量管理策略时，把社会网络因素考虑在内。

第七章　基于利益相关者视角的品牌关系质量管理研究

上一章构建了品牌关系质量评价模型，利用该模型可以对利益相关者视角下的品牌关系质量进行评价，了解和评价企业品牌关系质量水平，找出品牌关系管理中的薄弱环节，然后采取相应的管理措施，改善管理水平，提高品牌关系质量。本章的目的是针对当前的管理现状，采取有效管理策略、方法和措施。本章在界定品牌关系质量管理概念的基础上，提出了全面品牌关系质量管理的概念和方法，然后对利益相关者视角下的品牌关系生命周期进行研究，探讨了阶段划分方法，分析了不同阶段的特征，提出了不同阶段的管理策略；最后对品牌关系界面管理、基于社会关系网络的品牌关系管理和全面品牌关系体验管理提出了相应的理论和管理方法。

第一节　全面品牌关系质量管理整合模型

一　全面品牌关系质量管理的概念和框架

长期以来，企业对关系的管理处于"各自为政"的分割状态，顾客关系管理、公共关系管理、企业品牌管理等分属于不同的部门，关系之间缺乏整合，这种分割的"专业化"关系管理，降低了企业管理效率，浪费了关系管理资源，不能达到最佳管理效果。利益相关者视角下的品牌关系质量管理的出现，为这种状况的改善提供了契机和运作平台，作为一个人格化的整体概念，企业品牌本身应该是完整的概念。

在传统的关系管理模式下，企业客户关系一直占据着最重要的关系位置，其他利益相关者的关系被边缘化，处于次要位置。随着利益相关者影响力越来越大，关注利益相关者关系管理的相关学术研究越来越多，有学者提出了全面关系营销、全面关系管理等概念。本书基于全面质量管理理论和品牌关系管理理论，提出了一个全面品牌关系质量管理整合模型。在整个模型架构内，除全面品牌管理、全过程管理、全员参与管理理念以外，还从品牌关系生命周期（时间维度）、品牌关系界面（空间维度）、社会关系网络（网络维度）和整体体验管理（情感维度）四个角度，探讨了全面品牌关系质量管理的战略架构。

20 世纪 50 年代末，美国通用电气公司费根堡姆（Armand Vallin Feigenbaum）和质量管理专家朱兰（Joseph M. Juran）提出了"全面质量管理"（Total Quality Management，TQM）的概念。历经半个世纪的发展，已经形成了比较完整的思想体系和工作方法，其含义是：一个组织以质量为中心，以全员参与为基础，目的在于通过让顾客满意和本组织所有成员及社会受益而达到长期成功的管理途径。[①] 以这种思想为基础，结合品牌关系质量的特点，本书提出了全面品牌关系质量管理（TBRQM）的概念和模型。

全面品牌关系质量管理是组织为了提升和保持品牌关系质量而进行的计划、组织、协调和控制的一系列活动。全面品牌关系质量管理强调"三全"：（1）全面关系管理。关系管理要照顾到主要利益相关者，而不是仅仅顾客或某一类利益相关者。（2）全员参与管理。企业员工不但是企业重要的利益相关者，而且是连接企业内外部其他利益相关者的纽带，全员参与品牌关系质量管理，有助于凝聚关系管理行动动力，提高管理资源运营效率，提高管理效果。（3）全过程管理。在品牌关系发生发展的各个层面和各个阶段都进行管理。在所有关系管理环节上，企业品牌始终作为一个人格化的化身，展示一种整体形象。

全面品牌关系质量管理还从四个维度进行关系分析、管理和控制。四个维度是品牌关系生命周期（时间维度）、品牌关系界面（空间维度）、社会关系网络（网络维度）和整体体验管理（情感维度）。本章后面的内容就是从这四个维度展开研究的。

在以上分析基础上，本书给出全面品牌关系质量管理的定义：一个组织以品牌关系质量为中心，全员参与管理，全过程参与，对利益相关者全面关系进行管理，以实现关系质量水平处于持续性改进状态的管理活动。

---

① 刘书庆、杨水利：《质量管理学》，机械工业出版社 2003 年版，第 14 页。

全面品牌关系质量管理模型如图 7-1 所示。全面品牌关系质量管理处于中心位置，通过品牌关系生命周期管理、品牌关系界面管理、品牌社会关系网络管理和整体品牌体验管理四个维度，实现全面关系管理、全员参与管理和全过程管理。

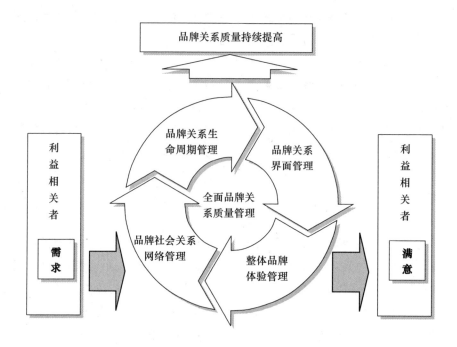

图 7-1　品牌关系质量整合管理模型

二　品牌关系利益相关者管理步骤和管理原则

企业品牌管理的直接目标是建立一个各个利益相关者对于企业品牌认同、喜爱和支持的倾向（Gylling et al.，2006）。为此，很多学者提出了利益相关者关系管理的步骤和过程，如弗雷德里克（Frederick，1988）提出了利益相关者分析的七个步骤，沃尔克等（Walke et al.，2001）针对建立与发展与利益相关者关系提出了四个步骤。本书参照他们的观点，提出企业品牌关系管理中利益相关者管理的一般步骤：

第一，识别和分析影响组织品牌的利益相关者范围及主要利益相关者。企业在品牌关系管理中要识别哪些是对品牌有影响的利益相关者，哪些是对品牌影响较大的主要利益相关者，哪些是平时不被重视的潜在利益相关者。

第二，分析利益相关者对于企业品牌有哪些利益要求和期望。分析企业利益相关者特别是主要利益相关者的权利和利益要求，这是建立关系和制定管理措施的基础。

第三，分析利益相关者对企业品牌的影响。评估每个主要利益相关者对企业品牌的利害关系本质，分析每个利益相关者对企业品牌的影响如何，它们能给品牌带来哪些机会和威胁。

第四，分析企业品牌对利益相关者的影响。分析企业品牌对利益相关者有哪些责任和义务，企业品牌对各个利益相关者的影响如何，企业应该如何满足利益相关者的合理需求，并与之建立良好的关系，避免发生冲突。

第五，制定和实施品牌利益相关者管理策略。在以上各个环节充分调研分析的基础上，制定和执行品牌关系中的利益相关者管理战略、策略和措施。

第六，对利益相关者管理战略和措施进行监控。在利益相关者管理过程中不断审核战略和计划的实施，及时发现问题和不足，并采取相应的措施。

由于利益相关者需求各异，并且可能还存在一些冲突，在具体的关系管理中可以借鉴克拉克森（1999）提出的利益相关者管理的七个原则和居延安的 6C 模式。克拉克森原则认为，企业在建立与利益相关者关系时，应该持有若干合作态度，包括尊重、监控、听取、沟通、采用、认可、共事、避免、承认冲突等原则。居延安（2003，2006）在分析了大量组织及组织者在关系管理上失败和成功的案例基础上，提出了普遍适用的关系管理成功的六大基本要素（6C 模式）：①共同利益、兴趣（Common interest）；②交流、沟通（Communication）；③信誉、信用（Credibility）；④承诺、执着（Commitment）；⑤合作、协作（Collaboration）；⑥妥协、让步（Compromise）。

萨维奇（1991）根据利益相关者与企业合作的可能性大小和潜在威胁程度大小，把利益相关者分为混合型（利弊兼有型）、支持型、非支持型和边缘型（无足轻重型）四种类型。可以借此对品牌关系管理中的利益相关者进行分类，并制定管理策略。①

---

① 尽管为了研究需要，本书的研究主要对象是书中析出的品牌关系的六种核心利益相关者，但这并不意味着完全不考虑其他利益相关者因素，在一些定性探讨中，本书还会涉及其他利益相关者。

品牌关系中的支持型利益相关者，一般情况下与企业品牌持合作态度，主要包括企业董事会、部分股东（投资者）、管理者、企业员工、供应商、分销商、部分顾客等，对这一类利益相关者，可以采取参与型策略，让它们参与到品牌建设中来。

混合型利益相关者对品牌合作和威胁的可能性都比较大，包括部分顾客、部分媒体、政府机关、部分社会公众等。对于它们的管理策略是加强沟通、改善关系、争取合作。

边缘型利益相关者与企业品牌合作和构成威胁的可能性都比较小，包括股东、社区、社会团体、部分社会公众等。对这类利益相关者，应该采取监控策略，防止对企业品牌发生不利行为。

非支持型利益相关者对企业品牌威胁最大，合作的可能性最小，如竞争对手、部分媒体、顾客权益保护组织等，对这类利益相关者，应该采取防范型策略。比如，要保证产品和服务质量，主动承担社会责任，制定和采取有效的竞争战略，做好危机公关等。

企业品牌利益相关者关系管理的重点是支持型和混合型利益相关者，对于支持型利益相关者，企业要与之保持密切合作，并极力促成混合型利益相关者对企业品牌的支持。

第二节　品牌关系生命周期管理

一　品牌关系生命周期的概念和研究综述

企业品牌关系的发展是一个从建立到成长再到衰退和消失的过程，它是一个具有生命周期特征的概念。生命周期本来是指具有生命特征的有机体在生存和成长中经历的出生、成长、成熟、衰老直到死亡的整个过程，后来被引入经济学和管理学中，相继出现了产品生命周期（Booz 等，1957；王海云等，2002）、品牌生命周期、企业生命周期（Adizes，1989；陈佳贵，1995；李云鹤等，2011）、客户关系生命周期（Dwyer 等，1987；徐忠海，2001）和品牌关系生命周期（福尼尔，1994；阿克等，2001；贺爱忠等，2008）等理论。

品牌关系即品牌与其利益相关者之间的关系就像人际关系一样，彼此从陌生到认知再到熟悉，其关系的紧密程度也是从疏远到亲密再到忠诚，最后再走向疏远和解体的发展演进过程，这个过程就是品牌关系生命周期。客户关系生命周期和品牌关系生命周期密不可分，它们是在借鉴人际关系发展阶段理论的基础上发展起来的，在人际关系发展阶段理论研究中，莱文格（Levinger，1979；1983）提出了一个人际的亲密关系发展的五阶段动态模型。他认为，亲密关系发展一般要经历了解、建立、延续、恶化或衰退、结束和瓦解五个阶段。在借鉴人际关系周期理论的基础上，对客户关系和品牌关系生命周期研究主要有以下观点：

（一）客户关系与企业间关系生命周期的研究

德怀尔等（Dwyer et al.，1987）在研究关系营销中买卖双方关系时，提出了关系进化五阶段模型，即关系发展经历认知、探索、扩展、承诺和解散五个阶段。

克罗斯和史密斯（Cross and Smith，1992；1996；1997）提出了一个基于顾客绑定（Customer Bonding）和发展顾客价值链（Customer Value Chain）的顾客关系五阶段论，描述企业发展与客户关系过程中不同层次的信任和互动。五阶段包括认知、认同、关系、社群（共享）和拥护。五个阶段分别达到企业与顾客之间关系强度的不同层次：注意力份额、心目中的份额、利益的交换、发展顾客之间的连接、形成忠诚。

斯文德森等（2003）在探讨利益相关者关系、社会资本和商业价值创造时，认为关系是一个自我加强的循环过程，可以划分为四个阶段：①确定战略利益相关者；②提高关系质量；③确认和培育机会，促进社会资本最大化；④继续深化关系。

拉雷恩·西吉尔（Larraine Sigil，2004）研究了企业联盟的生命周期，提出了从联盟开始创立到实施再到终止每一个阶段关系的贡献的评价方法，他把联盟的生命周期分为起始、曲棍球棒[①]、专业化、成熟、衰退和维持六个阶段。

王庆国等（2006）在有关学者理论研究的基础上，提出一个供应商与客户关系的六阶段模型，把关系发展划分为开发期、接触期、确立期、成熟期、反复期和消退期六个阶段。

（二）品牌关系生命周期的研究

福尼尔（1994）在借用和评价莱文格的人际亲密关系五阶段论模型

---

①　作者对命名的解释：联盟的生命周期的第二阶段是曲棍球棒阶段，如此命名是因为用以表示它的图形像曲棍球棒外观。

的基础上，把顾客与品牌关系发展过程划分为关系起始、关系巩固维持和关系破裂三个阶段，同时，根据关系发展轨迹，给了六种品牌关系发展曲线的具体形态。后来，阿克和福尼尔等（2001）又结合人际关系和关系营销中的客户关系理论，提出了品牌关系发展的六阶段动态模型：注意、了解、共生、相伴、断裂和复合。在这一模型中，阿克和福尼尔等开创性地提出了品牌关系复合再续的概念，引起了人们对品牌关系断裂后再续问题的关注。

戴森等（Dyson et al., 1996）提出了品牌动态金字塔模型，描述了顾客与品牌关系动态发展的层级关系，认为关系发展要经历存在、关联、产品绩效、优势和绑定五个层级。与之类似的观点还有 Millward Brown International 公司的 MBI 金字塔模型和奥美广告的关系五阶段论。

查克拉巴蒂等（2007）提出了开放资源（Open Source，OS）品牌的概念，认为在高度网络化的关系背景下，买卖双方关系不是简单的、双向的，而是非线性的。因而要超越买卖双方关系，从开放资源的观点考察买卖双方关系的质量。在买卖关系之外，他们考察了五个利益相关者群体：顾客、社会团体、竞争者、分销商、合作者。查克拉巴蒂等认为，开放资源品牌是一个关系质量的仲裁者和指示器，可以从关系质量来评价品牌，但是，他们没有做实证研究，利益相关者仅仅作为影响因素。从关系质量视角把品牌发展分为商品（交易导向，基本不存在"关系"）、品牌化的产品（存在关系，关系质量由卖方主导）、强势品牌（买卖双方成为伙伴关系，关系质量高）和开放资源品牌（关系质量由买方控制和主导）四个阶段。

此外，我国学者参考国内外学者的观点，根据顾客与品牌的接触和发展规律，也提出一些自己的观点。如周运锦等（2005）把顾客与品牌关系划分为建立、成长、忠诚、退化和复合五个阶段。贺爱忠和李钰（2008）把顾客与品牌关系分为建立、成长、维持、恶化和复合五个阶段。

通过对国内外研究成果的梳理发现，当前对客户关系和品牌关系生命周期或发展阶段的研究，基本上都是基于买卖双方关系或者品牌与顾客关系视角下的关系发展或关系生命周期分析，尽管少数学者注意到了利益相关者因素，但还没有明确提出品牌与利益相关者关系生命周期的概念、阶段划分、特征和管理策略。本书尝试对利益相关者视角下的品牌关系发展阶段进行划分，并在分析不同阶段特征的基础上提出相应的管理策略。

二　利益相关者视角下品牌关系生命周期的阶段划分和特征分析

企业品牌关系的发展是一个从建立到成长再到衰退和消失的过程，在这个过程中的不同阶段有不同的特征和不同的品牌关系质量水平，其管理方法和策略也有所不同。对企业品牌关系进行管理，首先要厘清企业品牌关系所处的生命周期的阶段及其特征。

利益相关者互动主体多，互动因素复杂，其关系质量还涉及多重关系的整合程度，因此，利益相关者视角下的品牌关系生命周期（Brand Relationship Life Cycle，BRLC）在阶段划分和表现特征上都不同于顾客与品牌关系生命周期。根据品牌与利益相关者关系发展程度、整合程度和关系质量的变化，借鉴国内外顾客与品牌关系生命周期模型，本书提出组织品牌关系发展七阶段（组织品牌关系生命周期）模型，即品牌关系发展一般要经过起始阶段、成长阶段、聚合阶段、成熟阶段、恶化阶段、解体阶段和复合阶段。根据其不同阶段的特征差别以及品牌关系在不同时间段的关系质量高低，可以绘出生命周期曲线图（见图 7-2）。下面对其各个阶段特征进行分析（各阶段特征对比情况见表 7-1）。

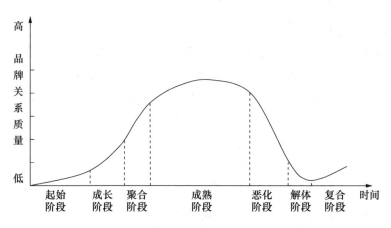

图 7-2　品牌关系生命周期阶段划分示意

（一）起始阶段：品牌关系起步

在这个阶段，企业发展处于起步阶段，企业和产品知名度低，缺少忠诚的顾客。与组织品牌发生关系的利益相关者比较单一，品牌忠诚度较低，供应商、分销商、顾客一般仅局限于交易关系，分销商和顾客对企业

表 7 – 1   品牌关系生命周期不同阶段特征

主要特征 生命 周期阶段	关系主体	关系强度	整合程度	关系质量	关系质量变化
起始阶段	少	弱	非常弱	低	＋
成长阶段	较少	较强	较弱	较低	＋
聚合阶段	较多	强	较好	较高	＋
成熟阶段	多	很强	网络化	高	＋、－
恶化阶段	较多到较少	较弱	变弱	较低	－
解体阶段	少	弱	瓦解	非常低	－
复合阶段	较少到较多	较强或较弱	重新整合	较低到较高	＋

注："关系质量变化"栏中的"＋"表示关系质量变化方向是提高，"－"表示关系质量变化方向是降低。

和产品品牌处于认知阶段，品牌关系质量低，品牌关系质量指数一般小于30，关系质量提高缓慢，关系质量指数变化方向为正。在 BRLC 曲线图上，表现为一段平缓上升的曲线。

（二）成长阶段：品牌关系发展较快

在这个阶段，企业发展处于成长阶段，企业及产品知名度开始提高，有了一部分忠诚的顾客。与组织品牌发生关系的利益相关者开始增加，品牌忠诚度开始较快提高，供应商、分销商、顾客一般与企业开始建立较为持久的互惠关系，分销商和顾客对企业及产品品牌处于熟悉阶段，品牌关系质量较低，品牌关系质量指数一般为30—60，关系质量提高较快，关系质量指数变化方向为正。如果只评价品牌与顾客关系，这个阶段品牌与顾客关系质量处于快速上涨时期，但是，由于此时的品牌关系其他利益相关者没有建立或有效整合，因此，在 BRLC 曲线图上，并不表现为特别陡峭的曲线，而是表现为较为陡峭的上升曲线。

（三）聚合阶段：品牌关系快速发展

在这个阶段，企业发展处于快速成长阶段，企业和产品知名度大幅提高，具有大批忠诚的顾客。与组织品牌发生关系的利益相关者种类和数量众多，品牌关系开始网络化发展，品牌忠诚度开始快速提高，供应商、分销商、顾客等一般与企业开始建立了较为稳定的互惠关系，分销商和顾客对企业和产品品牌处于熟悉并喜欢阶段，品牌关系质量较高，品牌关系质量指数一般为60—80，关系质量指数提高很快，关系质量指数变化方向为正。由于此时的品牌关系其他利益相关者关系开始有效整合，关系质量指数快速上升，因此，在 BRLC 曲线图上表现为一段陡峭的曲线。

（四）成熟阶段：品牌关系成熟稳定

在这个阶段，企业发展处于稳定或稳定上升阶段，企业和产品知名度高，有大批忠诚的顾客。与组织品牌发生关系的利益相关者种类和数量众多且稳定在一定程度上，品牌忠诚度处于高水平，供应商、分销商、顾客、员工、社会公众等企业内外部利益相关者与企业建立了较为稳定的关系，品牌关系处于一种"平衡品牌"状态，品牌关系网络化程度较高。品牌关系质量高，品牌关系质量指数一般在80以上，品牌关系质量指数有时会有小的波动。由于此时的品牌关系已经与主要利益相关者有效整合，关系质量指数处于较高水平且比较稳定，因此，在 BRLC 曲线图上表现为一段平缓的曲线。企业一般希望能够长期保持这种品牌关系质量的良好状态，即"品牌之树常青"。当然，此阶段不排除中间有个别利益相关者关系恶化或破裂，但只要主体是完好的，品牌关系质量指数处于良好状态就算是稳定状态。有时，由于品牌危机事件的发生等原因导致的品牌关系质量下降，会引起 BRLC 曲线波动，能否控制在安全范围之内，将考验企业品牌危机管理的能力。

（五）恶化阶段：品牌关系开始恶化

在这个阶段，企业发展处于衰退阶段，由于危机事件、经营不善、竞争加剧等原因，企业和产品品牌形象及美誉度下降，客户开始流失。一些利益相关者与企业品牌的关系开始出现断裂，品牌忠诚度下降，品牌关系质量由高点持续下降，在 BRLC 曲线图上表现为一段向下倾斜的曲线。

（六）解体阶段：品牌关系解体或者消失

在这个阶段，企业发展处于严重衰退阶段，由于在关系质量恶化阶段没有有效地遏制关系恶化的趋势，企业和产品品牌形象美誉度下降到低点，大批客户流失，大批利益相关者与企业品牌的关系出现断裂，品牌忠诚度下降到低点，品牌质量处于非常低的水平，品牌关系质量指数一般下滑至30以下，在 BRLC 曲线图上表现为一段向下倾斜且接近横轴的曲线。很多企业在这个阶段之后就彻底退出市场了。

（七）复合阶段：品牌关系修复，再续枯木逢春，起死回生

一些企业在品牌关系解体阶段，由于采取了强有力的品牌关系修复措施，如有效的企业变革、企业战略调整、企业兼并重组、强力的品牌公关等行动，有可能使品牌关系焕发新的生机，品牌关系走上一个新的生命周期循环，品牌关系质量重新开始上升。在 BRLC 曲线图上表现为重新"抬头"，由低点向上倾斜。

以上讨论的品牌关系生命周期一般发展规律，其 BRLC 曲线表现为图7-1 中的形状，然而，这并不是唯一固定的模式，由于不同企业经营品牌关系的环境差异、企业经营战略和措施不同等原因，企业品牌关系质量的发展变化可能会表现出复杂多样性，BRLC 曲线可能会有不同的具体形态。福尼尔（1994）基于顾客与品牌的品牌关系生命周期给出了六种关系发展曲线的具体形态模式，与其类似，本书认为，利益相关者与品牌互动关系生命周期曲线模式也存在多种情形，参考福尼尔对顾客与品牌关系生命周期曲线轨迹分析的思路，本书提出了具有代表性的利益相关者与品牌关系生命周期曲线（BRLC 曲线）的六种具体形态：生物型、流星型、波动型、低稳定型、升级型和高稳定型（当然，现实中会有更多样化的曲线形态，本书只是为了研究方便，仅仅提炼出几种典型的形态）（见图7-3）。下面对图7-3 中六种具体形态的发展特点做一简要分析。

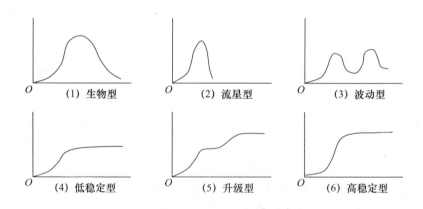

图7-3　几种品牌关系生命周期曲线具体形态

（1）生物型。是一种比较典型的生命周期曲线形态，像生物寿命周期一样，在一定时期内走完生命历程。

（2）流星型。短时间内快速发展，但是，由于没有注重对利益相关

者的关系管理，发展没有持续性，"来去匆匆"，品牌关系快速消亡。比如，国内一些保健品企业品牌，在短时间内靠产品概念炒作、广告大量投入等措施迅速成长，但发展没有持续性，往往是昙花一现。

（3）波动型。企业在品牌建设过程中，由于重视力度不够、投入不足、管理不善、事件干扰等原因，导致品牌关系发展出现波动现象。这种品牌关系质量的波动和涨落较大时，将会消耗企业品牌建设资源，破坏品牌关系的持续发展，应该尽量避免。

（4）低稳定型。企业在品牌建设过程中，注重品牌关系发展，但是，一直把顾客关系作为主要关系，不重视其他利益相关者的关系建设，当企业品牌关系质量达到一定程度以后，不再有明显提高，稳定在一个相对较低的层次。

（5）升级型。企业在品牌关系建设上，开始一直注重品牌和顾客关系，在品牌关系质量达到一定程度以后，稳定在一定水平上，此时企业开始意识到利益相关者的重要性，开始全方位发展品牌与利益相关者的关系，从而品牌关系质量又开始了新的提升，表现为在原有稳定基础上的升级。

（6）高稳定型。企业在品牌建设过程中，一直坚持注重顾客和其他利益相关者，其品牌关系稳步发展，品牌关系质量最终稳定在较高水平上。本书认为，对于新创办企业，在品牌关系起始阶段，把品牌关系质量发展路径目标确定为高稳定型发展模式是一种有远见的、最为理想的品牌关系培育模式。

三 基于品牌关系生命周期的品牌关系质量管理策略

对利益相关者视角下的品牌关系生命周期阶段做出划分，有助于管理者区分品牌关系发展过程中不同阶段的特征，采取相应的管理策略。

（一）起始阶段

此阶段应采取关系开拓策略，以提高企业和产品知名度作为首要目的。由于这个阶段品牌关系发展处于起步阶段，企业品牌关系管理的重点是促进利益相关者对企业和产品的认知，为此，企业可以采取开发型广告和公共关系等手段，唤起顾客对新产品的注意、认知、需求和购买，鼓励顾客和其他利益相关者与企业接触。

（二）成长阶段

此阶段应采取关系发展策略。由于经过了起始阶段的开拓策略，此时企业已经在市场上有了一定的知名度，成长阶段品牌管理的重点是提高企业美誉度，在定位明确、特色鲜明的基础上，塑造企业和产品品牌形象，变"交易"导向营销为"关系"导向营销，在发展客户关系的同时，开始尝试和其他利益相关者建立联系。

（三）聚合阶段

此阶段采取关系整合策略。此时企业品牌管理的重点是由以顾客关系为主转变到对企业对利益相关者关系进行全方位系统化管理。改变由部门分割而导致的分散的品牌关系管理状态，设法满足利益相关者的合理需求，协调品牌和利益相关者之间的冲突。通过企业全体员工的共同努力，实施整合营销，对分散的品牌关系进行整合，以一个整体形象展示给企业所有利益相关者。

（四）成熟阶段

此阶段应采取关系维持策略。此时品牌关系质量达到了一个较高的水平，企业品牌管理的重点是维持关系在这一水平上。为此，一是要继续保持和提高关系质量；二是要防止伤害品牌关系的危机事件发生，并在出现危机事件时，进行有效的危机管理，及时修复断裂的个别利益相关者关系。如三鹿品牌在"三聚氰胺"奶粉事件中最先出现裂痕的不是和顾客之间的关系，而是品牌和供应商之间的关系，企业没有关注和满足供应商的利益要求，供应商为了生存和获利，在原料中过量添加"三聚氰胺"，进而对顾客造成了伤害，并引起了品牌与顾客、社会公众、社区、政府等利益相关者关系的断裂，最终促使企业整体品牌关系恶化乃至解体。

（五）恶化阶段

此阶段应采取关系修补策略。品牌关系的恶化多是从某个利益相关者关系环节开始的，如果不及时修复，就可能会导致品牌关系进一步恶化。当出现品牌关系恶化时，应该及时采取有力且有效的危机公关措施，修补恶化的品牌关系，避免进一步发展而走向解体。

（六）解体阶段

此阶段应采取关系恢复策略。此时品牌关系恶化到崩解的边缘，企业要么完全放弃业务和品牌而退出市场，要么采取有力的修复措施，如企业变革、战略调整、兼并重组、品牌重振等行为，避免走向崩解，而寄希望于能逐渐恢复"元气"。

（七）复合阶段

此阶段应采取关系重塑策略。一些企业在品牌关系解体阶段，通过强有力的品牌关系修复措施，使品牌关系焕发出新的生机，品牌关系走上一个新的生命周期循环。此时，企业应该化危险为机会，重新发展和利益相关者之间的关系，重塑品牌形象。企业可以采取一些公关行为，或者是采取品牌重新定位等战略和措施以"驱散"利益相关者心中的品牌形象恶化的"阴影"。

总之，利益相关者与品牌关系和顾客与品牌关系的发展阶段和特征有所不同，其管理方法和策略也有所区别。利益相关者与企业品牌的互动比顾客与品牌的互动更为复杂，主要体现在互动主体的多元化和互动因素的复杂化。品牌关系质量的高低，除取决于关系主体的积极互动以及由此产生的信任和承诺以外，还取决于各种利益相关者之间关系的整合程度。品牌关系管理，应该根据其生命周期的不同阶段及不同特征，制定相应的管理目标、管理方法和管理策略。

第三节　品牌关系界面管理

一　管理中的界面

随着企业生产和管理中的专业化分工越来越细，在提高生产和管理效率的同时，也由于不同职能和部门之间存在交接、协调等活动而产生大量的界面问题，企业的界面管理也越来越被重视。"界面"本来是在工程技术领域的一个名词，用来描述各种仪器、设备、部件及其他组件之间的接口，近年来，被引入管理学中用来研究不同组织（或组织中不同的部门）或人员之间关系的管理，"界面管理"，即是交互作用的管理，它是企业为完成某项任务，协调两个以上主体之间感觉、动机、意图、知识、情报、信息、物资和资金等要素的交流与沟通的组织模式及管理方式（郭斌等，1998；沈祖安等，2002）。

对界面管理问题的认识和研究，最初是从企业内部职能之间的界面问题展开的，如苏德和查克拉巴蒂（Souder and Chakrabarti，1978）研究发现，当研发或市场营销界面存在严重的管理问题时，68%的研发项目将在商业化上完全失败，21%的项目将部分失败。后来，学者把界面问题的研究扩展到企业内部研发或市场营销之外的其他界面管理。近年来，又有学者研究了企业网络界面和虚拟企业间的界面问题，从而把视野扩展到企业网络和企业之间的界面管理。

迄今为止，管理界面的研究仍然局限在以企业职能部门或企业间为区分层面的界面，而对于关系管理如品牌关系管理中的界面研究非常少。品牌是企业获取竞争优势和财务回报的重要来源，随着企业管理理论与实践的发展，企业的无形资产——品牌资产，对于企业提升自身的竞争力越来越重要，而品牌关系的建立和维护是企业积累、形成品牌资产和品牌价值的前提及基础。品牌关系管理涉及品牌和不同的主体之间的互动关系，和企业内部职能界面一样，在品牌关系管理中也存在界面问题，引入界面管理理论有助于把握关系管理的实质，建立高质量的品牌关系。

二 利益相关者视角下的企业品牌关系界面

借鉴社会心理学中的关系理论发展起来的品牌关系理论，在关系主体上存在两种基本视角：初期对品牌关系的研究大多着眼于品牌与顾客之间的关系，当前，越来越多的学者开始从品牌与利益相关者之间关系的视角研究品牌关系。本书认为，在新经济时代，后者更能全面地揭示品牌关系的本质。

随着商业环境的变化和企业规模不断扩大，企业间的竞争和合作也呈现出新的特点，利益相关者对企业的影响不断加强。利益相关者视角下的品牌关系开始出现。利益相关者在品牌塑造过程中扮演着重要角色，其利益要求和行为影响着企业品牌的形象、价值和传播有效性。

企业品牌关系的界面管理即是企业品牌和利益相关者之间的交互作用管理。从企业内部、外部两个方面可以把利益相关者分为两类：一是内部利益相关者，包括企业员工、管理者、股东（投资者）等；二是外部利益相关者，包括顾客、供应商、分销商、社会公众、媒体、金融机构、行业协会、工会、社区、合作伙伴、政府等。相应地，可以把品牌关系中的界面管理分为内部界面和外部界面，内部界面是品牌和企业内部利益相关者之间的界面，外部界面是企业和外部利益相关者之间的界面。由于利益相关者之间也会发生交互关系，因此，品牌关系内部界面也应该包括内部利益相关者之间的交互界面。同样，外部界面也应包括外部利益相关者之间的交互界面（见图7-4）。企业在品牌关系管理中是否能有效地管理这些界面，关系到企业品牌关系质量和品牌价值的提升，而要有效地管理这些界面，需要有效地协调界面两边主体的利益，解决界面中的矛盾和冲突。

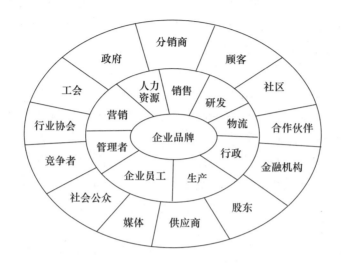

图7-4 利益相关者视角下的企业品牌关系界面模型

三 品牌关系界面管理中的界面矛盾和冲突

在品牌关系界面中，常常出现一些消极现象，如品牌界面矛盾和冲突，即两侧主体彼此互不信任、交流和互动减少、缺乏互利共赢的合作等，致使品牌传播链和品牌价值链低效或中断，彼此的利益没有实现最大化和最优化。产生这种现象的原因主要有以下几个方面：

（一）利益要求和行为目标差异

利益相关者各自致力于自身的追求，并且他们也没有一组统一的目标。不同的利益相关者有不同的利益要求，比如，顾客需要的是高质量的产品和服务，企业员工需要的是满意的薪金和愉快的工作环境及氛围，股东（投资者）需要的是最大的回报，社会公众需要的是企业信守商业道德并承担必要的社会责任等。企业和利益相关者之间的利益要求不同，往往导致不同的行为目标，比如，企业和供应商之间以及和顾客之间都存在价格的分歧及利益冲突、股东（投资者）与经营者之间的财务冲突、企业员工和管理者利益要求的差异及他们之间的监督与被监督行为所产生的冲突等。

（二）信息不对称、信息黏滞和沟通障碍

企业内外部各部门和有关主体之间信息不对称，对某些问题的认识不充分、不全面，或是缺乏沟通意愿或沟通渠道，或是由于管理和沟通机制等原因，使信息出现黏滞或延迟，企业和利益相关者不能进行有效的信息沟通。如在一些危机事件处理过程中，由于信息不够透明，或者是没有进行主动的、内容统一的整合沟通，致使有些不真实、不一致的负面信息在利益相关者中被广泛传播，使企业品牌受损。

（三）组织和管理因素

近年来，越来越多的企业意识到了顾客和市场的重要性，企业对营销职能的重视达到了前所未有的高度，其组织结构和管理制度大多是顾客（市场）导向型，把顾客放到至高无上的地位，同时把品牌塑造和维护看作是市场营销部门的任务。然而，这种组织结构和管理制度过分突出顾客，却容易忽视其他利益相关者的存在和利益要求，忽视其他职能部门对顾客和其他利益相关者感知及其行为的影响，从而造成界面矛盾和冲突。

（四）文化冲突

不同的企业有不同的企业文化，包括不同的经营使命、愿景、宗旨、精神面貌、价值观、道德准则、思维方式和经营理念，以及这些理念在生产经营中形成的管理制度、员工行为规范等。这种差异有时会导致界面两侧不同企业和主体矛盾及冲突，如上述"捐款门"事件中，就是企业管理者的价值观和思维方式与一些公众价值观的差异而产生的界面冲突，最后影响品牌关系和品牌价值。

品牌关系的界面通常承载着信息、物质、资金等介质的跨界面流动，其管理水平和效率直接影响着品牌关系的质量，品牌关系的管理需要对界面双方进行有效沟通、互动和整合。

四　品牌关系中的界面管理：沟通、互动和整合

企业品牌资产的积累来源于企业品牌与利益相关者互动所形成的品牌关系，尽管利益相关者从不同角度看待品牌，但是，品牌本身应该是一致的和完整的，利益相关者只不过是从不同角度看待同一个标的，而企业所能做的就是把一个整体的品牌信息传递给顾客和其他利益相关者，并期待对方的积极反应。企业执行品牌管理的一般是营销部门，而传递品牌信息的却可能是企业内部各个部门的员工，由此出现了不同的部门、不同的执行者带给利益相关者的品牌体验存在一定的差别，从而降低了品牌塑造的整体效果，影响了品牌形象和品牌关系质量。因此，企业要把一个完整的品牌形象传递给利益相关者，建立和提升品牌关系质量，就要从品牌关系界面管理上的沟通、互动和整合做起（见图7-5）。

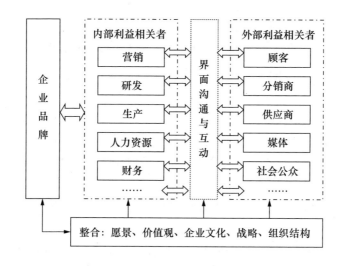

图7-5 利益相关者视角下的品牌关系界面管理模型

（一）创建和设计品牌驱动的组织和界面结构

企业要有一个品牌驱动的组织和界面结构。首先，要改革各自为政的品牌经理制，企业要设立一个统一的品牌管理领导者，它要由高层管理者担任，可以让总经理或专门的品牌组合经理负责，或是成立跨部门的"品牌管理委员会"来负责，或者是 CEO 负责企业品牌管理，在其领导下，产品经理负责相关产品品牌管理。其次，由于企业品牌信息的传递和界面互动是由具体的员工提供的，员工的忠诚度和积极性与品牌关系的质量直接相关，那么企业员工的行为、责任心和热情就直接影响着界面管理效率和效果，因此，要让企业全体员工而不仅仅是营销部门员工参与到界面管理中来，把全体员工培训成服务并与利益相关者沟通、执行创造品牌体验的"品牌大使"。最后，品牌界面管理过程中要对品牌和所有利益相关者界面进行管理，而不是仅仅考虑品牌和顾客界面管理。

（二）企业愿景、价值观和品牌化一致性（整合）管理

企业品牌建设需要在所有利益相关者之间达成一致承诺（Davidson，2002；2004）。为此，首先设计一个企业愿景和核心价值观，并把它植入组织结构，继而将愿景和价值观同企业品牌相结合，同时把企业品牌主张和企业战略也保持一致，最终形成一个关联所有利益相关者的承诺型企业。企业还需要创建一个以品牌为导向的企业文化，让所有员工都能够自觉地、满腔热忱地致力于有效地与顾客及其他利益相关者进行沟通和互动。

(三) 有效的界面沟通和互动

为了克服界面矛盾和冲突，企业要理解并满足利益相关者的合理需求，加强界面有效的沟通，化解矛盾和冲突，为此，可以建立特定的沟通机制，实施整合营销，用"同一个声音"传播品牌信息，做到企业上下通力协作，给全体利益相关者一个整体品牌体验。由于品牌关系界面是由众多的品牌接触点所构成，接触点是利益相关者与品牌之间的交互作用点，要在所有的品牌接触点上和相关的利益相关者进行有效的沟通和互动，企业和利益相关者在感情、信息、物资、资金、人员等要素交流和互动，促进互利共赢的合作，以实现无缝隙的品牌界面管理和品牌体验管理。

(四) 界面的整合管理

品牌关系界面整合的主要目标，是通过界面的整合管理，与利益相关者建立长期关系。品牌关系的界面众多，对于这些界面的管理，不能只局限于单个界面的管理，防止"顾此失彼"，"只见树木，不见森林"，要有整体意识，对多种界面整合管理；品牌关系界面实际上又是复合界面，可以被分割为人员界面、机器界面、技术界面、知识界面、网络界面等，这些直接的界面都不是单独存在的，只有相互融合，才能实现有机功能。品牌关系界面的管理，必须对这些界面进行相互连接，并进行整合管理，不间断地向利益相关者传播品牌信息，并为之创造价值，提供多方位多层次有意义的体验。

总之，对品牌关系界面交互作用和互动行为的管理，能够沟通企业内外各项价值活动，建立各项价值活动之间的联系。引入界面管理工具，能够更好地认识企业和利益相关者在信息、物资、资金、人员等要素交流、联系方面的交互作用机理，并开发出相应的管理策略。对企业品牌的界面进行有效管理，有助于满足利益相关者需求，提高利益相关者对企业品牌的认知度、满意度和忠诚度，提高品牌关系质量，最终提升品牌价值。

第四节　品牌关系整体体验管理

一　品牌关系中的体验

1970 年，未来学家阿尔夫·托夫勒（Alvin Toffler）在《未来的冲击》中曾预言，人们在以满足物质需求为主导经济形态（制度）之后将过渡到"创造一种与满足心理需求相联系的经济",即"后服务业"和"体验产业",并将出现一些提供体验的"体验公司"。1998 年,约瑟夫·派因和詹姆斯·H. 吉尔摩(Joseph Pine and James H. Gilmore)在《哈佛商业评论》上发表论文《体验式经济时代来临》,首次全面地论述了体验经济概念和内涵。体验经济将抬高企业竞争的门槛,单纯依靠提供优质的产品和服务已经无法赢得顾客的长期青睐。

进入 21 世纪以来,对于体验经济和体验营销的研究快速兴起,一些企业已经从体验经济中通过体验营销获益。伯恩德·H. 施密特(Bernd H. Schmitt)提出了体验式营销的完整概念,并提出了体验式营销的战略支柱——战略体验模块(Strategic Experiential Modules,SEMs)。随着体验营销实践的发展,顾客逐渐从注重产品和服务体验转移到注重整个品牌带来的体验,可以说体验营销的深层次是顾客对品牌(产品品牌和组织品牌)的体验。今天,人们对体验营销的研究更多地转移到品牌体验上来,有人预言,在未来的经济中,能够创造机会,使顾客获得有意义的品牌体验的企业才是市场上的耀眼明星。

雷吉斯·麦凯纳(Regis McKenna,1991)指出,一个成功的品牌就是一个成功的关系。企业实行品牌体验管理,可以获得和保持高度的顾客满意乃至顾客忠诚,使品牌和顾客之间建立良好的、稳定的关系,最终提升企业品牌价值。顾客视角下的品牌理论认为,品牌管理的最终目标是要和顾客建立持久的关系,因此,要将那种利用品牌来促进销售的交易营销思想观念,转变为利用品牌和顾客建立和维系持久的关系营销思想。

品牌体验的目标和结果是企业能长时间"黏"住顾客,即建立和保持一种良好的品牌关系。由于品牌关系理论存在两种视角,品牌体验理论和体验管理也存在两个视角,之前的顾客体验和品牌体验多是顾客视角,本书探讨利益相关者视角下的品牌体验管理。

顾客视角下的品牌体验,企业执行品牌体验管理的一般是企业营销部门,而在执行过程中,传递体验的却可能涉及企业内部各个部门的员工,由此出现了不同的部门、不同的执行者带给顾客的品牌体验不一致,从而降低了品牌体验整体效果,影响了品牌形象。在企业品牌和利益相关者的互动关系中,企业要把整体的品牌信息传递给顾客和其他利益相关者,给顾客和其他利益相关者一个整体的品牌体验。

整体品牌体验是顾客或其他利益相关者在与品牌接触和互动过程中,

通过企业全员共同努力，使顾客和其他利益相关者在品牌产品、品牌识别、品牌个性、品牌形象、品牌联想、品牌文化、品牌价值等品牌要素以及物质和精神等层面上的认知、感受、情感等的体验。在品牌体验执行过程中，企业应对品牌的感知、情感、概念、参与及其之间互动关系这五个要素进行综合，提供给顾客和其他利益相关者。

二　品牌关系中的整体体验管理

上一节的品牌关系界面管理策略在一定程度上能够促进品牌整体体验管理的水平。从某种意义上说，品牌关系界面是由众多的品牌接触点所构成，接触点是利益相关者与品牌之间的交互作用点，是品牌管理的"前沿阵地"。每一个品牌接触点都会提供给顾客对品牌的感觉和认知，对于其他利益相关者的品牌接触点也是一样会带给他们对于品牌的认知和体验。因此，对接触点的管理，直接关系到界面管理的有效性和品牌体验的效果。对于品牌与顾客界面，在购买全过程中的广告宣传、咨询服务、项目赞助、公共关系、商品展示、技术服务、销售服务、客户服务等接触点各个方面，都是重要的品牌接触点，都需要进行基于品牌整体策略的一致性管理。企业在进行品牌与利益相关者界面管理中，不能只孤立地关注品牌接触点的体验管理，而应该树立整体思维，在品牌接触面即关系界面上对品牌体验和品牌关系进行统一管理、互动和传播，以实现无缝隙的品牌界面和品牌体验管理。

第五节　基于社会关系网络的品牌关系质量管理策略

传统社会心理学视角的品牌关系理论，注重关系主体个体之间的认知、态度与情感关系，而社会网络分析考虑了个体关系所嵌入的关系网络因素，能够把个体间关系、微观社会网络与社会系统的宏观结构结合起来进行分析，有助于从整体上考察品牌关系，其给企业的品牌关系质量管理启示主要有以下几个方面：

第一，进行品牌关系管理时，不但要看"点"，如品牌接触点，更要看到"网"，如品牌关系网。从社会资本角度来看，品牌关系就是存在于关系网络之中的一种资源，离开这个网络，它可能就失去了价值。因此，要关注品牌关系互动主体所处的关系网络，如很多国外品牌收购中国品牌，其中原因之一，就是利用其在中国的关系网络，包括营销网络和社会资源网络。

第二，充分利用网络的传播和互动功能。在品牌传播时，关系网络越来越成为一种重要的传播途径，顾客之间、利益相关者之间，都会共享信息和情感体验，为此，可以通过这种关系网络，构建有利于企业品牌传播的渠道，建立有助于品牌形象提升的平台，如品牌社区就是一个顾客之间互动的一个关系网。

第三，关系管理的重要任务是资源网络，而不是短期的现金流。企业之间的竞争越来越体现在关系网络之间的竞争，衡量企业竞争力的指标，关系质量水平胜过短期利润水平，关系本身就是资本，营造关系本身就是在为企业创造未来的利润。

第四，对品牌关系网络管理，要关注网络行动者，以及品牌关系的主体所嵌入的关系背景，即情境因素，充分利用关系行动者所处的其他关系网中的资源，增强品牌关系网络的规模、关系强度和关系质量。

本章小结

本章在前文研究的基础上，提出了利益相关者视角下的全面品牌关系质量管理（TBRQM）模型、策略和防范。首先，基于全面质量管理思想，提出了全面品牌关系质量管理的概念和思路，构建了全面品牌关系质量管理整合模型，提出了对利益相关者管理的一般过程。其次，提出了利益相关者视角下的品牌关系生命周期（BQLC）的概念，对品牌关系生命周期阶段划分和各个阶段的主要特征进行了分析，给出了典型的品牌关系生命周期曲线（BRLC）六种模式，并提出了基于品牌关系生命周期的品牌关系质量管理策略；基于界面理论，提出品牌关系管理中存在"界面"问题，总结出影响品牌与主要利益相关者之间的界面类型，分析了这些界面中存在的矛盾和冲突的成因，提出了基于品牌与利益相关者关系的品牌关系界面管理方法和策略；在体验经济背景下，"体验"是企业一个重要管理工具，提出了利益相关者视角下的品牌关系"整体体验管理"的概念、方法和策略；把品牌关系的社会网络，作为一个重要的关系嵌入情境因素，提出了基于关系社会网络因素的品牌关系管理策略和方法。

第八章　W公司品牌关系质量评价与管理

本书以快速消费品生产企业品牌关系为例，对品牌关系质量评价与管理问题进行研究。在前面章节的研究中，构建了基于品牌与利益相关者互动的品牌关系质量评价指标体系和评价模型，提出了品牌关系质量管理模型、策略和方法。本章运用前文提出的相关理论和构建的评价模型，对W集团公司企业品牌关系质量进行评价，并在评价结果基础上，诊断企业品牌关系质量管理的现状和存在问题，然后综合运用本书相关理论和研究结论，提出针对W公司的品牌关系质量管理优化与改进的对策建议。

第一节　W公司概况

W集团公司创建于20世纪90年代初，是一家生产食品、饮料、粮油、酒业、茶等产品的企业，拥有多个国内外知名产品品牌，连续多年入选中国100家最具价值品牌和中国企业500强排行榜。经过20多年的发展，产品从单一产品，发展到涉足多个行业、生产多种产品、拥有多个品牌的大型企业集团。

W集团公司是国内较早注重品牌塑造和品牌经营的企业。集团成立后，一直重视品牌的塑造。在抓生产和质量管理的同时，在国内较早地开展了多层面的品牌传播活动，脍炙人口的广告语已经成为妇孺皆知的经典。商标被国家工商局商标局认定为"中国驰名商标"，相关产品品牌又荣获"中国名牌"称号。

在企业产品取得一定的市场地位和品牌影响力之后，企业意识到了单一产品经营风险极大，开始实施品牌延伸战略。利用品牌、资金、技术与营销网络优势，通过行业整合，进入新的行业，开发新的产品，进行规模扩张，先后在多省市建立生产加工基地。在国内市场品牌的知名度和美誉度逐步提高时，企业又开始了国际化征程。组建了国际集团公司，企业的广告也开始在凤凰卫视、央视国际频道上播放，产品也走出国门，销到海外。

同时，企业注重企业品牌和产品品牌的推广及管理，提出了"建立以品牌为导向的发展战略规划"。企业品牌由品牌管理小组全权负责管理，直接对董事会管理委员会负责。产品品牌由企划部全权负责，直接对执行委员会负责。企业品牌朝着国际化、大型化、综合性方向发展。企业产品经历了由单一产品到综合性食品发展的过程，如今，W集团通过收购、兼并等方式扩张，已经拥有近10个产品品牌，在开放式的品牌管理模式下，品牌管理越来越成熟、规范。

第二节　W公司品牌与利益相关者关系互动状况

为了研究W集团公司的品牌与利益相关者互动状况，评价其品牌关系质量，笔者做了如下调研工作：（1）网上调研，包括公司官方网站，涉及企业和品牌的网络新闻，学术期刊数据库中和企业、品牌或产品有关的文章。（2）现场调研，包括深度访谈、问卷调研等，问卷调研和深度访谈的对象，包括公司高层、中层、基层管理者和一般员工，对公司顾客、分销商等利益相关者也进行了访谈或问卷调研。在调研的基础上，运用前文研究所得出的理论和评价方法进行评价研究。

通过对公司管理者访谈发现，尽管公司并没有明确提出利益相关者管理的概念，但是，在具体管理实务中，利益相关者与企业的互动行为却无处不在，且极为频繁。

本书首先对公司官方网站上的新闻动态做出分析。通过网络查询并下载，获得公司官方网站上为期6年的《新闻动态》，共计193篇新闻。通过阅读分类，根据新闻所涉及的利益相关者种类进行归类，并考虑新闻内容的时间分布特征，分析结果如表8-1所示。

对表中数据，结合新闻内容进行分析，可以发现以下几个现象：

（1）涉及利益相关者种类齐全，基本上与本书前文理论研究收集整理的种类相一致，这一方面反映了企业管理活动的一般规律，另一方面也体现了利益相关者理论对管理实践的指导意义。

表8-1   W集团利益相关者互动情况统计（基于公司新闻的分析）

利益相关者名称	出现次数	比例（%）	备注
顾客	22	8.63	
分销商	19	7.45	
股东（投资者）	6	2.36	
供应商	22	8.63	
管理者	18	7.06	
企业员工	24	9.42	
债权人（银行等）	1	0.39	
政府	28	10.98	
社会公众	20	7.85	
社会团体（如环境保护组织、消协等）	55	21.57	颁奖的媒体和社会机构被归为此类
媒体	14	5.49	
竞争者	2	0.78	
社区	10	3.93	
企业形象代言人	5	1.96	
合作者	9	3.53	
总计	255	—	

注：因为四舍五入，百分比之和不等100%。

（2）次数出现最高的是社会团体，达到55次，占总数的21.57%，超出了研究者的意料，但经仔细分析发现，主要是社会机构的各种颁奖被归于此类，而这种颁奖数量众多，说明企业很注重自身品牌形象，企业在宣传自己的时候，对公司新闻宣传会有所选择，对于荣誉要尽可能多地展示给公众。

（3）政府出现的次数仅次于公众，出现28次，占10.98%，说明企业与政府的关系密切，特别是政府的支持对企业的发展很重要。从事件发生时间来看，越是往前，政府出现的次数越多，越往后则越少，说明随着市场经济制度的完善以及企业自身的运营规范，企业对政府的依赖在逐渐减小。

（4）员工、顾客和供应商出现的次数分别为 24 次、22 次和 22 次，分别占 9.42%、8.63%、8.63%，说明，企业发展注重员工、顾客和供应商的关系。从时间来看，越往后，员工和顾客出现的次数越多，说明公司对员工和顾客的重视程度在逐渐增强。

（5）公司股东出现的次数较少，而从本书的研究结果来看，企业品牌与股东的互动应该更多一些，说明公司对股东的关系管理还需要进一步加强。

（6）分销商出现的次数和其他核心利益相关者相比略少，说明企业在分销商管理上还需要加强。

需要说明的是，由于企业新闻是企业所选，这种新闻分析并一定能反映企业利益相关者关系的真实面貌，有些互动没有体现在公司新闻里，因此，还需要从其他层面做进一步研究。

第三节　W公司品牌关系质量和整合度评价

在第五章中，本书构建了品牌关系质量评价模型，现在使用该评价模型对 W 公司品牌关系质量进行评价。根据评价模型的三级维度的内容设计调查问卷（见附录三），分别对 6 种利益相关者进行问卷调研，问卷发放和回收结果如表 8 - 2 所示。

表 8 - 2　　　　　W公司品牌关系质量调查问卷与回收情况统计

利益相关者名称	发放份数	回收份数	有效份数	回收率（%）	有效率（%）
顾客	80	79	77	98.8	97.5
分销商	36	33	32	91.7	97.0
股东（投资者）	50	48	44	96.0	91.7
供应商	28	28	27	100.0	96.4
社会公众	80	79	75	98.8	94.9
企业员工	36	35	32	97.2	91.4

对有效问卷进行整理，求出评价每项评分的平均值，填入表8 - 3中，代入第六章 AHP 评价模型，计算结果如表8 - 3所示。

表 8 - 3　　　　　　　W 企业品牌关系质量调查底层因子评分统计

因子	C11	C12	C21	C22	C23	E11	E12	E21	E22	E23	E31	E32	D11	D12	D21
平均得分	5.62	5.73	4.16	4.81	5.10	5.16	4.31	4.92	4.56	4.31	5.61	5.12	5.23	5.33	4.36
因子	D22	D23	P11	P12	P21	P22	G11	G12	G21	G22	S11	S12	S21	S22	S23
平均得分	5.62	4.30	6.91	5.72	6.33	5.61	5.62	4.66	5.11	5.76	6.34	6.01	6.63	6.70	5.38

中间二层因子的计算:

$C1 = 5.62 \times 0.539 + 5.13 \times 0.461 = 5.39$

$C2 = 4.16 \times 0.287 + 4.81 \times 0.256 + 5.1 \times 0.557 = 5.27$

$E1 = 5.16 \times 0.336 + 4.31 \times 0.664 = 4.594$

$E2 = 4.92 \times 0.465 + 4.56 \times 0.312 + 4.31 \times 0.323 = 5.10$

$E3 = 5.61 \times 0.719 + 5.12 \times 0.281 = 5.47$

$D1 = 5.23 \times 0.367 + 5.33 \times 0.633 = 5.29$

$D2 = 4.36 \times 0.418 + 5.62 \times 0.49 + 4.3 \times 0.102 = 5.01$

$P1 = 6.91 \times 0.333 + 5.72 \times 0.667 = 6.12$

$P2 = 6.33 \times 0.768 + 5.61 \times 0.232 = 6.16$

$G1 = 5.62 \times 0.74 + 4.66 \times 0.26 = 5.37$

$G2 = 5.11 \times 0.556 + 5.76 \times 0.444 = 5.39$

$S1 = 6.34 \times 0.215 + 6.01 \times 0.785 = 6.08$

$S2 = 6.63 \times 0.428 + 6.7 \times 0.354 + 5.38 \times 0.218 = 6.37$

中间一层的得分计算:

$C = 5.4 \times 0.618 + 5.27 \times 0.382 = 5.34$

$E = 4.594 \times 0.258 + 5.1 \times 0.382 + 5.47 \times 0.36 = 5.78$

$D = 5.292 \times 0.59 + 5.01 \times 0.41 = 5.54$

$P = 6.1 \times 0.657 + 6.16 \times 0.343 = 6.12$

$G = 5.37 \times 0.315 + 5.39 \times 0.685 = 5.38$

$S = 6 \times 0.322 + 6.37 \times 0.678 = 6.25$

品牌关系质量指数为:

$BRQ = C \times 0.376 + E \times 0.249 + D \times 0.118 + P \times 0.167 +$
$\qquad G \times 0.068 + S \times 0.021 = 5.600$

A 品牌关系质量评价最终结果为 5.600, 由于问项采用 7 分制评分, 为了便于理解和评价, 转化成百分制后, 品牌关系质量指数 BRQ 为

80.0，说明 W 企业品牌关系质量处于良好（较高）水平。

利用第五章构建的品牌关系整合度调查表，通过对公司高层、中层和基层管理者访谈，共对管理层和 6 个部门的 11 名管理者进行访谈并填写测试表，对调查表评分统计，得出公司品牌关系整合度为 3.3，转换为百分制后为 66 分，说明公司对利益相关者关系管理整合度较低。

第四节　W 公司品牌关系质量管理中存在的问题与对策建议

一　W 公司品牌关系质量管理中存在的问题

通过访谈、问卷调查、数据处理和评价分析，发现 W 公司品牌关系质量处于良好水平，但仍存在一些问题。对于 W 公司企业品牌关系管理中存在的问题分析如下：

（1）企业使命、企业文化和价值观还停留在关注顾客和个别合作者的理念上。高层管理者对企业品牌关系管理的重视还没有提升到相应的高度，跨部门的品牌关系管理机构建设滞后。品牌管理理念、品牌管理组织结构等与全面品牌关系质量管理的要求有一定差距。

（2）依然把顾客作为品牌管理的中心，重视品牌与社会公众等少数利益相关者的关系管理，而忽视各种利益相关者关系的平衡管理。

（3）企业品牌关系管理分散，没有统一的关系管理部门、管理目标和行动计划，品牌与利益相关者关系管理整合度不高。

（4）忽视企业品牌建设。注重产品品牌的塑造和建设，营销和广告费用多数花费在产品品牌的推广与宣传上，而忽视企业品牌建设。

（5）缺少对企业品牌和利益相关者互动活动的主动开发与引导。尽管企业管理活动中涉及和不同利益相关者的关系互动，但利益相关者管理完全处于被动管理状态，没有相应的管理理念和管理计划，不利于品牌关系的全面、持续发展。

二　W 公司品牌关系质量管理对策建议

针对以上问题，为提高 W 公司品牌关系质量，提出以下管理建议：

（1）在企业文化和价值观中，注入利益相关者管理思想和理念。调整组织结构，成立专门负责企业品牌管理的"品牌管理中心"，中心负责人由高层管理者担任，产品品牌管理部门服从于"品牌管理中心"。协调好企业品牌与产品品牌之间的关系，产品品牌在形象定位、传播等方面要服从于企业品牌。

（2）转变经营管理观念，由被动管理利益相关者关系变为主动管理。实施使命营销，管理好品牌关系界面和接触点，注重品牌关系体验管理。

（3）实施整体品牌关系质量管理，加强薄弱环节建设，积极促进利益相关者关系活动的开展，尽快建立品牌社群，开设网上和网下顾客论坛及顾客俱乐部。

（4）企业要在品牌营销中承担社会责任，推行社会责任营销。实行绿色营销，维护顾客健康，保护生态环境。

（5）重视并满足利益相关者的合理需求，妥善处理利益相关者需求之间的冲突。满足利益相关者的合理需求能够直接改善和提升品牌关系质量，从而提高企业品牌价值和经济效益。

（6）构建承诺型组织。企业将一个积极向上、有责任感的、合作的、强有力的愿景和价值观植入组织体系，利用整合营销和全方位营销，使企业所有部门所有员工通力合作，共同把企业营造成一个具有忠诚客户、高度激励的员工和满意的出资者的承诺型组织。

本章小结

本章运用前文研究所得到的品牌关系质量管理理论和评价与管理方法，对 W 公司的企业品牌关系管理进行应用研究。首先介绍了 W 公司发展概况以及品牌管理发展历史和现状，然后根据对公司品牌管理状况的调研，运用第五章构建的品牌关系质量评价模型和整合度测试表，对 W 公司的品牌关系质量水平和整合度进行评价，发现公司品牌关系质量水平处于较高状态，但其整合度较差。针对以上调研和评价结果，对 W 公司品牌关系质量管理存在的问题进行了分析，在此基础上应用前文研究所得到的品牌关系质量管理理论、策略和方法，对 W 公司品牌关系质量管理提出了对策建议。

第九章　结论

第一节　研究结论

　　品牌关系理论是品牌理论的最新发展。品牌关系理论认为，一个成功的品牌就是一个成功的关系。对于品牌关系的主体，有顾客、供应链和利益相关者三大视角。顾客视角的品牌关系理论认为，品牌关系是品牌对顾客的态度和顾客对品牌的态度之间的互动，供应链视角的品牌关系把互动关系的主体扩大到供应链上主体之间。在企业管理实践中，企业与顾客以及其他利益相关者之间的相互作用和相互影响越来越大，企业品牌管理的成败越来越取决于利益相关者对品牌的互动参与和积极回应程度。顾客视角和供应链视角的品牌关系理论具有一定的局限性，利益相关者视角的品牌关系理论开始出现。利益相关者视角的品牌关系理论认为，品牌存在于不同利益相关者的认知和体验中，品牌的经营和管理就是对品牌关系的经营和管理。

　　品牌关系质量是评价品牌关系水平的一个工具，而当前对于品牌关系质量评价与管理的研究多是基于顾客视角的品牌关系质量，缺少利益相关者视角下的研究。本书以现代管理学、经济学和社会学为基础，借鉴西方品牌理论、利益相关者理论和关系管理理论，以中国快速消费品生产企业的企业品牌为例，探索利益相关者视角下品牌关系质量的内涵、结构维度和管理策略与方法。

　　本书采用米切尔的三种属性分类法对利益相关者的属性和重要性进行分类研究，从 16 种利益相关者中识别出 6 种品牌关系的核心利益相关者，它们是顾客、企业员工、分销商、社会公众、股东（投资者）和供应商。以这 6 种利益相关者作为重点研究对象，考察利益相关者和企业品牌双向利益要求基本情况，并得出结论：企业品牌不同利益相关者对企业有不同的价值、利益要求和期望，对各种利益要求和期望的重视程度存在一定的差异；企业品牌对其不同的利益相关者有不同的价值、利益要求和期望，对同一种利益相关者也存在多种利益要求，企业品牌对这些需求的重视程度存在一定的差异；企业品牌经营和管理，必须重视利益相关者的参与和支持，而了解和把握利益相关者的利益要求，并满足其合理要求，是建立良好的互动关系的基础。

在对利益相关者和企业品牌双向利益要求分析的基础上，对品牌和利益相关者互动机理进行了研究。从品牌关系互动的主体、品牌关系互动的响应模式和动态互动模型、互动维度、互动类型和互动接触点五个方面，分析了品牌与利益相关者互动机理，最后用博弈论分析了品牌与利益相关者互动关系，并构建了品牌与利益相关者整体互动模型。

在品牌关系主体利益要求和互动机理分析的基础上，研究了利益相关者视角下的品牌关系质量评价方法和模型。构建了品牌关系质量评价层次分析法（AHP）模型，在关系质量维度研究回顾的基础上，构建了品牌关系质量评价维度，把品牌与利益相关者关系依据 6 种主要利益相关者的关系，分为 6 个一级指标，每个一级指标考察一种利益相关者与品牌的关系，把利益相关者与品牌的关系质量维度作为二级评价指标，然后进一步分解成三级指标，在此基础上形成评价指标体系，用专家意见法，通过调查和数据的整理，计算出指标体系的权重。本书还设计了品牌关系整合程度评价方法和评价表，提出了社会网络分析视角下的品牌关系理论和评价方法，分析了品牌关系的社会网络特征和社会网络分析的基本要素。从研究边界的确定、基于社会网络分析的品牌关系描述方法、基于社会网络分析的品牌关系测量主要内容三个方面提出了社会网络视角下品牌关系的分析与测量的主要内容和评价指标，并对人际关系视角和社会网络视角下的品牌关系进行了比较。

在以上理论和实证分析的基础上，提出了利益相关者视角下的品牌关系质量管理方法和策略。基于全面质量管理的思想，提出了全面品牌关系质量管理的概念和思路，提出了利益相关者视角下的品牌关系生命周期的概念，并对品牌关系生命周期阶段划分和各个阶段的主要特征进行了分析，给出了典型的品牌关系生命周期曲线（BRLC）6 种模式，并提出了基于品牌关系生命周期的品牌关系质量管理策略；基于界面理论，分析了品牌关系管理中界面类型和界面中存在的矛盾和冲突的成因，提出了品牌关系界面管理方法和策略；把品牌关系的社会网络作为一个重要的关系嵌入情境因素，提出了基于关系社会网络因素的品牌关系管理方法和策略；在体验经济背景下，"体验"是企业的一个重要管理工具，提出了利益相关者视角下的品牌关系"整体体验管理"的概念、方法和策略。

最后，运用研究所得到的品牌关系质量评价和管理理论对 W 公司的企业品牌管理进行实证研究。对 W 公司品牌关系质量水平和管理状况进行了评价，并运用第五章构建的品牌关系质量评价模型和整合度测试表，对 W 公司品牌的关系质量水平和整合度进行了评价，发现公司品牌关系质量水平处于较高状态，但其整合度较差。针对以上调研和评价结果，对 W 公司品牌关系质量管理存在的问题进行了分析，在此基础上应用前文研究所得到的品牌关系质量管理理论、方法和策略，对 W 公司品牌关系质量管理提出了对策建议。

第二节　主要创新点

第一，提出了利益相关者视角下的品牌关系质量概念，并通过实证分析得出的 6 种核心利益相关者，对利益相关者和企业品牌双向利益要求进行了实证研究，得出品牌和利益相关者双向利益要求体系。本书还在一定程度上揭示了品牌的利益相关者重要性排序，以及双方彼此利益要求，具有一定的创新性。

第二，从品牌关系互动主体、互动响应模式和动态互动模型、互动维度、互动类型和互动接触点五个方面，分析了品牌与利益相关者之间的互动机理，最后用博弈论分析了品牌与利益相关者互动关系，并构建了品牌与利益相关者整体互动模型。本书发展了品牌关系互动理论，具有一定的创新性。

第三，在关系质量维度研究回顾的基础上，构建了利益相关者视角下的品牌关系质量评价指标体系和评价模型。利益相关者视角下的品牌关系质量评价方法是对品牌关系和品牌管理理论的重要发展，具有一定的创新性和应用价值。本书的研究成果被江苏华商企业管理咨询服务有限公司采纳。

第四，对社会网络分析视角下的品牌关系理论和评价方法进行了初步研究。当前品牌关系理论的基础是社会心理学中的人际关系理论，这种视角忽视了关系嵌入的情境以及关系网络的存在，本书从社会网络视角下研究边界的确定、品牌关系的描述方法和测量内容等方面提出了社会网络视角下品牌关系的分析与测量的主要内容和评价指标，并对人际关系视角和社会网络视角下的品牌关系进行了比较。本书拓展了品牌关系的研究视野，具有一定的创新性。

第五，基于全面质量管理的思想，提出了全面品牌关系质量管理的概念和整合模型，提出了利益相关者视角下的全面品牌关系质量管理、品牌关系生命周期的管理、品牌关系界面管理、品牌关系的社会网络关系管理、整体品牌体验管理等概念、方法和策略。本书从品牌关系质量管理角度发展了品牌管理理论和方法，具有一定的创新性和应用价值。

第三节　研究不足与展望

本书的研究存在以下不足之处：

第一，对利益相关者之间重叠交叉关系，没有深入研究。尽管较之于顾客视角的研究有所扩展，但考察6种利益相关者，在种类和数量上不完整，在一定程度上影响了评价质量的完整性和准确性，未来的研究需要在范围上进一步扩大。

第二，不同行业的企业利益相关者的需求特征和行为特征是有差异的，本书仅以快速消费品生产企业为研究对象，对其他行业企业没有深入研究。未来可以尝试对其他类型或其他行业的品牌如工业品品牌的品牌关系质量进行研究。

第三，当前基于人际关系理论发展起来的品牌关系理论忽视了关系主体所嵌入的关系网络情境，而社会网络和复杂网络理论是一种较好的研究工具，本书就社会网络视角下的品牌关系进行了初步探索，未来还需要深入研究。

第四，利益相关者视角下的品牌关系质量应该能够体现一定的整合度，本书借用邓肯的整合营销测试表（做了一定的修改）进行评价整合，但没有深入研究整合度的评价问题，该问题有待于进一步研究。

　　第五，由于品牌利益相关者种类较多，行为模式差别较大，受条件限制，本书的研究考虑维度较少。评价指标体系和评价模型还可以进一步完善和优化，并可以探索用新的方法开发出新的评价模型。

附　　录

一　品牌关系中的利益相关者
范围筛选专家评分表

填表日期：_____编号：_____

各位专家：

您好！

我们正在进行一项学术性课题的调查工作，旨在了解企业品牌与利益相关者互动关系的现状和问题，探索品牌关系质量的维度和内容。为品牌与利益相关者关系质量的评价和管理提供依据。

本调查采用无记名形式，问卷答案也无对错之分，请您抽出宝贵时间，为我们提供真实信息，我们对您所填答的内容保密，在任何时候都不会公开企业和个人信息，并保证这些数据资料只用于学术性研究，敬请安心填答。

衷心感谢您的支持与合作！

说明：

1. "品牌"可以分为产品品牌和企业品牌，在此指"企业品牌"，即"品牌是利益相关者对于组织及其产品和服务的认知总和"即"品牌代表着企业利益相关者对企业的总体性看法。"

2. 所谓"利益相关者"是指受企业品牌行为影响，同时其行为又影响企业品牌的组织或个人。企业利益相关者主要包括顾客、分销商、股东（投资者）、供应商、管理者、企业员工、金融机构（如银行等）、教育机构、政府、社会公众、社会团体（如环境保护组织、消协等）、自然环境、媒体（如电视、报纸、网络等）、竞争者、工会、社区（企业所在社区）、企业形象代言人、债权人、合作者（如科研机构、管理咨询公司）、外国政府等。

3. 本问卷调研以快速消费品生产企业的利益相关者为考察对象。

4. 请在您认可的对企业品牌影响较大的利益相关者名称后面画"√"，数量不限。

利益相关者	是否入选	利益相关者	是否入选
企业员工		外国政府	
管理者		分销商	
教育机构		社会公众	
供应商		自然环境	
工会		媒体	
政府		竞争者	
社会团体		社区	
顾客		企业形象代言人	
合作者		债权人	
股东（投资者）		金融机构	

二 品牌与利益相关者互动关系调查问卷

填表日期：＿＿＿＿＿＿＿＿问卷编号：＿＿＿＿＿＿＿＿

各位朋友：

您好！我们正在进行一项学术性课题的调查工作，旨在了解企业品牌与利益相关者互动关系的现状和问题，探索品牌关系质量的维度和内容。为品牌与利益相关者关系质量的评价和管理提供依据。

本调查采用无记名形式，问卷答案也无对错之分，请您抽出宝贵时间，为我们提供真实信息，我们对您所填答的内容保密，在任何时候都不会公开企业和个人信息，并保证这些数据资料只用于学术性研究，敬请安心填答。

衷心感谢您的支持与合作！

问卷说明：

1. "品牌"可以分为产品品牌和企业品牌，在此指"企业品牌"，即"品牌是利益相关者对于组织及其产品和服务的认知总和"即"品牌代表着企业利益相关者对企业的总体性看法。"

2. 所谓"利益相关者"是指受企业品牌行为影响，同时其行为又影响企业品牌的组织或个人。企业利益相关者主要包括顾客、分销商、股东（投资者）、供应商、管理者、企业员工、金融机构（如银行等）、政府、社会公众、社会团体（如环境保护组织、消协等）、媒体（如电视、报纸、网络等）、竞争者、社区（企业所在社区）、企业形象代言人、债权人、合作者（如科研机构、管理咨询公司）等。

3. 本问卷调研以快速消费品生产企业的利益相关者为考察对象。

一　品牌主要利益相关者的三维属性识别

1. 为利益相关者的属性评分——合理性

利益相关者向企业（品牌）提出某些利益要求是正当的、合情合理的吗？请根据您的理解打分，合理性越高，得分越高，并在右边的"□"上画"√"。如果您不清楚或有其他情况，请选"无法选择"。

	1	2	3	4	5	6	7	无法选择
顾客	□	□	□	□	□	□	□	□
企业员工	□	□	□	□	□	□	□	□
分销商	□	□	□	□	□	□	□	□
供应商	□	□	□	□	□	□	□	□
政府	□	□	□	□	□	□	□	□
媒体	□	□	□	□	□	□	□	□
社会公众	□	□	□	□	□	□	□	□
社会团体	□	□	□	□	□	□	□	□
社区	□	□	□	□	□	□	□	□
管理者	□	□	□	□	□	□	□	□
股东(投资者)	□	□	□	□	□	□	□	□
竞争者	□	□	□	□	□	□	□	□

金融机构	□	□	□	□	□	□	□	□
企业形象代言人	□	□	□	□	□	□	□	□
债权人	□	□	□	□	□	□	□	□
合作者	□	□	□	□	□	□	□	□

2. 为利益相关者的属性评分——影响力（重要性）

利益相关者的行为影响企业（品牌）发展的重要程度是怎样的？请根据您的理解打分，影响力越大，得分越高，并在右边的"□"上画"√"。如果您不清楚或有其他情况，请选"无法选择"。

	1	2	3	4	5	6	7	无法选择
顾客	□	□	□	□	□	□	□	□
企业员工	□	□	□	□	□	□	□	□
分销商	□	□	□	□	□	□	□	□
供应商	□	□	□	□	□	□	□	□
政府	□	□	□	□	□	□	□	□
媒体	□	□	□	□	□	□	□	□
社会公众	□	□	□	□	□	□	□	□
社会团体	□	□	□	□	□	□	□	□
社区	□	□	□	□	□	□	□	□
管理者	□	□	□	□	□	□	□	□
股东(投资者)	□	□	□	□	□	□	□	□
竞争者	□	□	□	□	□	□	□	□
金融机构	□	□	□	□	□	□	□	□
企业形象代言人	□	□	□	□	□	□	□	□
债权人	□	□	□	□	□	□	□	□
合作者	□	□	□	□	□	□	□	□

3. 为利益相关者的属性评分——紧急性

利益相关者有时候需要企业对它们的要求给予急切关注或回应。企业应满足利益相关者利益要求的紧急程度是怎样的？请根据您的理解打分，要求越紧急，得分越高，并在右边的"□"上画"√"。如果您不清楚或有其他情况，请选"无法选择"。

	1	2	3	4	5	6	7	无法选择
顾客	□	□	□	□	□	□	□	□
企业员工	□	□	□	□	□	□	□	□
分销商	□	□	□	□	□	□	□	□
供应商	□	□	□	□	□	□	□	□
政府	□	□	□	□	□	□	□	□
媒体	□	□	□	□	□	□	□	□
社会公众	□	□	□	□	□	□	□	□
社会团体	□	□	□	□	□	□	□	□
社区	□	□	□	□	□	□	□	□
管理者	□	□	□	□	□	□	□	□
股东(投资者)	□	□	□	□	□	□	□	□
竞争者	□	□	□	□	□	□	□	□
金融机构	□	□	□	□	□	□	□	□
企业形象代言人	□	□	□	□	□	□	□	□
债权人	□	□	□	□	□	□	□	□
合作者	□	□	□	□	□	□	□	□

二 利益相关者对企业/品牌的利益要求和期望

我们认为，每个利益相关者都对企业有一定的利益要求或期望。请根据利益要求或期望的重要性排序，并将代表"重要性"的序号"1，2，3……"填在相应选项的括号内。

2.1. 您认为，顾客对企业的利益要求和期望应该是：（请排序）

A. 产品和服务质量可靠、安全　　　　　　　　　　　　　　（　　）

B. 产品和品牌形象好　　　　　　　　　　　　　　　　　　（　　）

C. 产品和服务价格合理 （　　）

D. 企业产品和品牌能够给顾客带来价值 （　　）

E. 能获得需要的商品和消费信息，能够得到商品消费知识 （　　）

F. 抱怨和投诉能得到满意解决 （　　）

2.2. 您认为，分销商对企业的利益要求和期望应该是：（请排序）

A. 企业生产稳定，能及时供货 （　　）

B. 公平交易 （　　）

C. 品牌产品和服务质量优良 （　　）

D. 企业和产品品牌形象好 （　　）

E. 能提供人员培训、促销支持等 （　　）

2.3. 您认为，员工对企业的利益要求和期望应该是：（请排序）

A. 有自我成长和事业发展的空间以及明确的职业愿景 （　　）

B. 工作安全，工作条件好 （　　）

C. 较高的工资、福利等报酬 （　　）

D. 能积累工作经验 （　　）

E. 良好的企业形象带来体面的社会形象和较高的社会地位 （　　）

F. 良好的培训、进修机会 （　　）

2.4. 您认为，管理者对企业的利益要求和期望应该是：（请排序）

A. 有自我成长的空间和明确的职业愿景 （　　）

B. 融洽的组织气氛和人际关系 （　　）

C. 高额薪酬 （　　）

D. 积累和提升自己的人力资本 （　　）

E. 良好的培训、进修机会 （　　）

F. 公平、公正、公开的管理政策与管理制度 （　　）

G. 良好的企业形象带来体面的社会形象和较高的社会地位 （　　）

H. 工作压力适中，能带薪休假 （　　）

2.5. 您认为，供应商对企业的利益要求和期望应该是：（请排序）

A. 企业生产稳定发展良好，对供应品有稳定的需求 （　　）

B. 公平交易 （　　）

C. 企业能及时付款 （　　）

D. 企业和产品品牌形象好 （　　）

E. 建立长期、稳定和互惠的关系 （　　）

2.6. 您认为，政府部门对企业的利益要求和期望应该是：（请排序）

A. 服务国家或地方产业经济 （　　）

B. 依法纳税，带来较多的税收 （　　）

C. 提升本地区的形象，成为区域品牌的重要组成部分 （　　）

D. 为本地区培养更多技术和管理 （　　）

E. 为地方居民提供就业机会 （　　）

F. 参与地方活动，承担社会责任 （　　）

2.7. 您认为，股东（投资者）对企业的利益要求和期望应该是：（请排序）

A. 资金安全和增值 （　　）

B. 信息披露真实及时 （　　）

C. 企业治理结构合理，经营稳健 （　　）

D. 能获取股价波动收益 （　　）

2.8. 您认为，金融机构（如银行）对企业的利益要求和期望应该是：（请排序）

A. 借出资本的安全性和收益性高 （　　）

B. 经营的稳定性好 （　　）

C. 守信用，信用等级等高 （　　）

D. 加强资金往来，存贷款往来密切 （　　）

E. 配合银行对资金安全的调查和监管 （　　）

F. 办理代理收费和代发工资等代理业务 （　　）

2.9. 您认为，企业所在社区对企业的利益要求和期望应该是：（请排序）

A. 参与社区活动，支持当地经济发展 （　　）

B. 提升社区形象，促进社区社会文明进步 （　　）

C. 为社区居民提供就业机会 （　　）

D. 承担社会责任 （　　）

2.10. 您认为，社会公众对企业的利益要求和期望应该是：（请排序）

A. 承担社会责任，如慈善事业、捐赠等 （　　）

B. 实施绿色营销，不破坏和污染环境，不危害人体健康 （　　）

C. 提供就业机会 （　　）

D. 传播积极向上的文化，不传播不良消费文化和消费信息 （　　）

E. 诚信经营，提供真实的企业生产和产品品牌等商品信息 （　　）

2.11. 您认为，债权人对企业的利益要求和期望应该是：（请排序）

A. 借出资本的安全性和收益性高 　　　　　　　　　　　　（　　）

B. 经营的稳定性好 　　　　　　　　　　　　　　　　　　（　　）

C. 守信用，信用等级等高 　　　　　　　　　　　　　　　（　　）

2.12. 您认为，社会团体（如环境保护组织、消协等）对企业的利益要求和期望应该是：（请排序）

A. 保护环境，保护顾客权益 　　　　　　　　　　　　　　（　　）

B. 成为推动社会发展的重要力量 　　　　　　　　　　　　（　　）

C. 参与社会活动，承担社会责任和使命 　　　　　　　　　（　　）

D. 诚信经营，公平竞争 　　　　　　　　　　　　　　　　（　　）

2.13. 您认为，竞争者企业对企业的利益要求和期望应该是：（请排序）

A. 开展多种形式的交流与合作 　　　　　　　　　　　　　（　　）

B. 公平与合法竞争，遵循市场规则等 　　　　　　　　　　（　　）

2.14. 您认为，媒体（如报纸、电视、网络等）对企业的利益要求和期望应该是：（请排序）

A. 参与社会活动，承担社会责任和使命 　　　　　　　　　（　　）

B. 能提供真实透明的经营和产品信息 　　　　　　　　　　（　　）

C. 信息沟通渠道畅通 　　　　　　　　　　　　　　　　　（　　）

2.15. 您认为，合作者（如科研机构、管理咨询公司）对企业的利益要求和期望应该是：（请排序）

A. 与企业在技术或管理上加强合作 　　　　　　　　　　　（　　）

B. 企业讲究诚信，能遵守合作协议与规则 　　　　　　　　（　　）

C. 采纳技术和管理改进建议，以促进企业发展 　　　　　　（　　）

2.16. 您认为，企业形象代言人对企业的利益要求和期望应该是：（请排序）

A. 企业产品和服务质量优良 　　　　　　　　　　　　　　（　　）

B. 企业和产品品牌形象好 　　　　　　　　　　　　　　　（　　）

C. 企业讲究诚信，能遵守合作协议与规则 　　　　　　　　（　　）

三　企业/品牌对利益相关者的利益要求和期望

我们认为，企业/品牌的发展得益于所有利益相关者的积极参与、支持和合作。请根据企业对利益相关者的利益要求或期望的重要性排序，并将代表"重要性"的序号"1，2，3……"填在相应选项的括号内。

3.1. 您认为，企业对顾客的利益要求和期望应该是：（请排序）

A. 品牌忠诚，重复购买，口碑宣传 （　　）

B. 给企业或者产品（服务）提合理建议等 （　　）

C. 有问题时，意见（如抱怨和投诉）通过正常渠道首先和企业沟通 （　　）

D. 顾客之间互相交流学习，建立和参与品牌社区 （　　）

3.2. 您认为，企业对分销商的利益要求和期望应该是：（请排序）

A. 需求稳定，并有所增长 （　　）

B. 畅通便利的渠道保障 （　　）

C. 公平交易，较低交易成本 （　　）

D. 长期稳定合作关系等 （　　）

E. 能提供促销配合 （　　）

3.3. 您认为，企业对员工的利益要求和期望应该是：（请排序）

A. 工作热情，爱岗敬业 （　　）

B. 对企业忠诚度高 （　　）

C. 维护企业品牌形象 （　　）

D. 处理好内外部关系，善待顾客和其他利益相关者 （　　）

E. 遵守企业制度和规定 （　　）

3.4. 您认为，企业对管理者的利益要求和期望应该是：（请排序）

A. 工作热情，爱岗敬业，责任感强 （　　）

B. 对企业忠诚度高 （　　）

C. 自觉维护、提升企业品牌形象及价值 （　　）

D. 协调好部门内外部各种关系，善待内外部利益相关者 （　　）

E. 遵守企业制度和规定 （　　）

F. 组织管理能力强，能带领本部门员工完成各项任务 （　　）

3.5. 您认为，企业对供应商的利益要求和期望应该是：（请排序）

A. 供应品和服务质量好 （　　）

B. 技术支持和其他服务有保障 （　　）

C. 企业生产稳定，能及时供货 （　　）

D. 公平交易 （　　）

E. 建立长期、稳定和互惠的关系 （　　）

F. 供应商企业和产品品牌形象好 （　　）

3.6. 您认为，企业对政府部门的利益要求和期望应该是：（请排序）

A. 产业政策、税收政策等方面的政策支持　　　　　　　（　　）

B. 鼓励和帮助企业塑造和经营品牌，并为企业做公关宣传　（　　）

3.7. 您认为，企业对股东（投资者）的利益要求和期望应该是：（请排序）

A. 长期、稳定的投资　　　　　　　　　　　　　　　（　　）

B. 维护企业品牌形象　　　　　　　　　　　　　　　（　　）

3.8. 您认为，企业对金融机构（如银行）的利益要求和期望应该是：（请排序）

A. 及时、充足的金融保障等　　　　　　　　　　　　（　　）

B. 高效、互利的合作关系　　　　　　　　　　　　　（　　）

3.9. 您认为，企业对所在社区的利益要求和期望应该是：（请排序）

A. 在人力资源上为企业经营提供支持　　　　　　　　（　　）

B. 加强沟通，建立和谐关系　　　　　　　　　　　　（　　）

C. 营造好的文化、社会、生活、交通等环境条件，给企业提供方便（　　）

3.10. 您认为，企业对社会公众的利益要求和期望应该是：（请排序）

A. 宣传、传播企业品牌正面形象等　　　　　　　　　（　　）

B. 喜爱企业产品，转化为顾客　　　　　　　　　　　（　　）

3.11. 您认为，企业对债权人的利益要求和期望应该是：（请排序）

A. 资金支持　　　　　　　　　　　　　　　　　　　（　　）

B. 保持互惠合作关系　　　　　　　　　　　　　　　（　　）

3.12. 您认为，企业对社会团体（如环境保护组织、消协等）的利益要求和期望应该是：（请排序）

A. 传播企业品牌正面形象　　　　　　　　　　　　　（　　）

B. 和企业保持良好的沟通　　　　　　　　　　　　　（　　）

3.13. 您认为，企业对竞争者的利益要求和期望应该是：（请排序）

A. 开展多种形式的交流与合作　　　　　　　　　　　（　　）

B. 公平与合法竞争，遵循市场规则等　　　　　　　　（　　）

3.14. 您认为，企业对媒体（如报纸、电视、网络等）的利益要求和期望应该是：（请排序）

A. 宣传、传播企业品牌正面形象等　　　　　　　　　（　　）

B. 与企业开展互惠合作 （ ）

C. 和企业进行充分信息沟通 （ ）

3.15. 您认为，企业对合作者（如科研机构、管理咨询公司）的利益要求和期望应该是：（请排序）

A. 能向企业提供关键技术或管理策略，协助企业技术创新和管理创新 （ ）

B. 能提供高质量的决策咨询与管理建议 （ ）

C. 协助企业进行新产品开发和推广 （ ）

D. 能为企业提供高质量的人才培训服务 （ ）

3.16. 您认为，企业对形象代言人的利益要求和期望应该是：（请排序）

A. 个人品牌形象和企业形象相符合 （ ）

B. 守法，没有不良生活习惯，品德良好，有社会责任感，能保持良好的个人公众形象 （ ）

C. 讲究诚信，能遵守合作协议与规则 （ ）

四 背景资料

1. 您的性别：

□男 □女

2. 您的年龄：

□20—29 岁 □30—39 岁

□40—49 岁 □50 岁及以上

3. 您在企业工作的时间：

□1 年以内 □1—5 年 □6—10 年

□11—20 年 □20 年以上

4. 您在本企业担任的职务是：

□一般员工 □基层管理者

□中层管理者 □高层管理者

5. 您现在工作的企业性质是：

□国有独资企业或控股企业 □股份制企业

□民营企业 □外资企业

6. 与同行业企业相比，您现在工作的企业规模属于：

□大型企业 □中型企业 □小型企业

本问卷到此结束，感谢您的填答！

三　W公司品牌利益相关者关系调查问卷

问卷一　W公司品牌关系顾客调查问卷

填表日期：_____问卷编号：_____

各位朋友：

　　您好！我们正在进行一项学术性课题的调查工作，旨在了解W企业品牌与利益相关者互动关系水平（关系质量）。为品牌关系质量的评价和管理提供依据。

　　本调查采用无记名形式，问卷答案也无对错之分，请您抽出宝贵时间，为我们提供真实信息，我们对您所填答的内容保密，在任何时候都不会公开企业和个人信息，并保证这些数据资料只用于学术性研究，敬请安心填答。

衷心感谢您的支持与合作！

问卷说明：

　　1.“品牌”可以分为产品品牌和企业品牌，在此指“企业品牌”，即“品牌是利益相关者对于组织及其产品和服务的认知总和”。

　　2. 本问卷是针对W公司的顾客对企业品牌的认知、态度和行为的调查。

　　1. 对W公司品牌满意程度评分

　　C11. 作为顾客，W公司的产品和服务给您带来的满足符合你的期望吗？请根据您的理解打分，满意程度越高，得分越高，并在右边的“□”上画“√”。如果您不清楚或有其他情况，请选“无法选择”。

1　　2　　3　　4　　5　　6　　7　　　无法选择

□　　□　　□　　□　　□　　□　　□　　　　□

　　C12. 您对W集团的品牌和形象满意吗？请根据您的理解打分，满意程度越高，得分越高，并在右边的“□”上画“√”。如果您不清楚或有其他情况，请选“无法选择”。

1	2	3	4	5	6	7	无法选择
□	□	□	□	□	□	□	□

2. 对 W 公司品牌承诺程度评分

C21. 您是否觉得和同类企业品牌相比，"W"这个企业品牌是自己喜欢的？请根据您的理解打分，喜欢程度越高，得分越高，并在右边的"□"上画"√"。如果您不清楚或有其他情况，请选"无法选择"。

1	2	3	4	5	6	7	无法选择
□	□	□	□	□	□	□	□

C22. 和同类企业品牌相比，您是否更经常购买"W"这个企业的产品和服务？请根据您的理解打分，程度越高，得分越高，并在右边的"□"上画"√"。如果您不清楚或有其他情况，请选"无法选择"。

1	2	3	4	5	6	7	无法选择
□	□	□	□	□	□	□	□

C23. 和同类企业品牌相比，您是否更经常向别人提及"W"这个企业和品牌？请根据您的理解打分，程度越高，得分越高，并在右边的"□"上画"√"。如果您不清楚或有其他情况，请选"无法选择"。

1	2	3	4	5	6	7	无法选择
□	□	□	□	□	□	□	□

背景资料

1. 您的性别：

□男　　　　　　　□女

2. 您的年龄：

□20 岁以下　　　　□20—29 岁　　　　□30—39 岁

□40—49 岁　　　　□50 岁及以上

3. 您家庭的月收入是：

□1000 元以下　　　□1001—3000 元　　□3001—5000 元

□5001—10000 元　　□10000 元以上

4. 您受教育程度：

□大专　　　　　　□本科　　　　　　□硕士

□博士　　　　　　□其他

5. 您现在职业是：

☐公务员　　　　　☐科教文卫人员　　　　☐企业管理者

☐企业职员　　　　☐其他

本问卷到此结束，感谢您的填答！

问卷二　W 公司品牌关系企业员工调查问卷

填表日期：＿＿＿＿＿＿＿问卷编号：＿＿＿＿＿＿

各位朋友：

您好！我们正在进行一项学术性课题的调查工作，旨在了解 W 公司品牌与利益相关者互动关系水平（关系质量）。为品牌关系质量的评价和管理提供依据。

本调查采用无记名形式，问卷答案也无对错之分，请您抽出宝贵时间，为我们提供真实信息，我们对您所填答的内容保密，在任何时候都不会公开企业和个人信息，并保证这些数据资料只用于学术性研究，敬请安心填答。

衷心感谢您的支持与合作！

问卷说明：

1. "品牌"可以分为产品品牌和企业品牌，在此指"企业品牌"，即"品牌是利益相关者对于组织及其产品和服务的认知总和"。

2. 本问卷是针对 W 公司的员工对企业品牌的认知、态度和行为调查。

1. 为您对 W 公司品牌评分——信任程度

E11. 您对 W 公司发展前景充满信心吗？请根据您的理解打分，程度越高，得分越高，并在右边的"☐"上画"√"。如果您不清楚或有其他情况，请选"无法选择"。

$$1 \quad 2 \quad 3 \quad 4 \quad 5 \quad 6 \quad 7 \quad 无法选择$$
☐　　☐　　☐　　☐　　☐　　☐　　☐　　☐

E12. 您对公司对员工的承诺都能实现吗？请根据您的理解打分，程度越高，得分越高，并在右边的"☐"上画"√"。如果您不清楚或有其他情况，请选"无法选择"。

$$1 \quad 2 \quad 3 \quad 4 \quad 5 \quad 6 \quad 7 \quad 无法选择$$
☐　　☐　　☐　　☐　　☐　　☐　　☐　　☐

2. 为您对 W 企业评分——满意程度

E21. 对于现在的工作，在薪酬、培训、工作环境等方面符合您理想中的情况吗？请根据您的理解打分，程度越高，得分越高，并在右边的"□"上画"√"。如果您不清楚或有其他情况，请选"无法选择"。

| 1 | 2 | 3 | 4 | 5 | 6 | 7 | 无法选择 |
| □ | □ | □ | □ | □ | □ | □ | □ |

E22. 对于现在的工作，能给您带来安全和稳定的感觉吗？请根据您的理解打分，程度越高，得分越高，并在右边的"□"上画"√"。如果您不清楚或有其他情况，请选"无法选择"。

| 1 | 2 | 3 | 4 | 5 | 6 | 7 | 无法选择 |
| □ | □ | □ | □ | □ | □ | □ | □ |

E23. 工作中，你觉得公司对于自己或别人，在报酬、工作机会等方面是公平的吗？请根据您的理解打分，程度越高，得分越高，并在右边的"□"上画"√"。如果您不清楚或有其他情况，请选"无法选择"。

| 1 | 2 | 3 | 4 | 5 | 6 | 7 | 无法选择 |
| □ | □ | □ | □ | □ | □ | □ | □ |

3. 为您对 W 企业评分——卷入度

E31. 在目前的工作中，你是否满腔热情地投入到工作中去？请根据您的理解打分，程度越高，得分越高，并在右边的"□"上画"√"。如果您不清楚或有其他情况，请选"无法选择"。

| 1 | 2 | 3 | 4 | 5 | 6 | 7 | 无法选择 |
| □ | □ | □ | □ | □ | □ | □ | □ |

E32. 您很忠诚公司，而没有辞职或者跳槽的打算，是吗？请根据您的理解打分，程度越高，得分越高，并在右边的"□"上画"√"。如果您不清楚或有其他情况，请选"无法选择"。

| 1 | 2 | 3 | 4 | 5 | 6 | 7 | 无法选择 |
| □ | □ | □ | □ | □ | □ | □ | □ |

背景资料

1. 您的性别：

□男　　　　　　　　□女

2. 您的年龄：

□20 岁以下　　　　□20—29 岁　　　　□30—39 岁

□40—49 岁　　　　□50 岁及以上

3. 您在企业工作的时间：

□1 年以内　　　　□1—5 年　　　　　□6—10 年

□11—20 年　　　　□20 年以上

4. 您在本企业担任的职务是：

□一般员工　　　　□基层管理者

□中层管理者　　　□高层管理者

5. 您受教育程度：

□大专　　　　　　□本科　　　　　　□硕士

□博士　　　　　　□其他

本问卷到此结束，感谢您的填答！

问卷三　W 公司品牌分销商调查问卷

填表日期：＿＿＿＿＿＿＿＿　问卷编号：＿＿＿＿＿＿＿＿

各位朋友：

您好！我们正在进行一项学术性课题的调查工作，旨在了解 W 企业品牌与利益相关者互动关系水平（关系质量）。为品牌关系质量的评价和管理提供依据。

本调查采用无记名形式，问卷答案也无对错之分，请您抽出宝贵时间，为我们提供真实信息，我们对您所填答的内容保密，在任何时候都不会公开企业和个人信息，并保证这些数据资料只用于学术性研究，敬请安心填答。

衷心感谢您的支持与合作！

问卷说明：

1. "品牌"可以分为产品品牌和企业品牌，在此指"企业品牌"，即"品牌是利益相关者对于组织及其产品和服务的认知总和"。

2. 本问卷是针对 W 公司的分销商对企业品牌的认知、态度和行为调查。

1. 为您对 W 公司品牌评分——满意程度

D11. 您在经销产品的时候，认为 W 公司的品牌和产品符合您的期望吗？请根据您的理解打分，程度越高，得分越高，并在右边的"□"上画"√"。如果您不清楚或有其他情况，请选"无法选择"。

    1   2   3   4   5   6   7   无法选择
    □   □   □   □   □   □   □   □

D12. W 公司与您沟通、合作中态度和行为是令您满意的吗？请根据您的理解打分，程度越高，得分越高，并在右边的"□"上画"√"。如果您不清楚或有其他情况，请选"无法选择"。

    1   2   3   4   5   6   7   无法选择
    □   □   □   □   □   □   □   □

2. 为您对 W 企业评分——承诺和依赖程度

D21. 您愿意继续与 W 合作与沟通吗？请根据您的理解打分，程度越高，得分越高，并在右边的"□"上画"√"。如果您不清楚或有其他情况，请选"无法选择"。

    1   2   3   4   5   6   7   无法选择
    □   □   □   □   □   □   □   □

D22. 您在以后的时间里，仍然将非常乐意继续经销 W 公司的产品？请根据您的理解打分，程度越高，得分越高，并在右边的"□"上画"√"。如果您不清楚或有其他情况，请选"无法选择"。

    1   2   3   4   5   6   7   无法选择
    □   □   □   □   □   □   □   □

D23. 无论是否想与 W 合作，也很少有其他选择，因此对 W 有一定的依赖性，是吗？请根据您的理解打分，程度越高，得分越高，并在右边的"□"上画"√"。如果您不清楚或有其他情况，请选"无法选择"。

    1   2   3   4   5   6   7   无法选择
    □   □   □   □   □   □   □   □

背景资料

1. 您的性别：

□男   □女

2. 您的年龄：

□20—29 岁　　　　□30—39 岁

□40—49 岁　　　　□50 岁及以上

3. 您在企业工作的时间：

□1 年以内　　　　□1—5 年　　　　　□6—10 年

□11—20 年　　　　□20 年以上

4. 您在本企业担任的职务是：

□一般员工　　　　□基层管理者

□中层管理者　　　□高层管理者

5. 您现在工作的企业性质是：

□国有独资企业或控股企业　　　　　　□股份制企业

□民营企业　　　　　　　　　　　　　□外资企业

6. 与同行业企业相比，您现在工作的企业规模属于：

□大型企业　　　　□中型企业　　　　□小型企业

7. 您受教育程度：

□大专　　　　　　□本科　　　　　　□硕士

□博士　　　　　　□其他

本问卷到此结束，感谢您的填答！

问卷四　W 公司品牌关系社会公众调查问卷

填表日期：_____问卷编号：_____

各位朋友：

您好！我们正在进行一项学术性课题的调查工作，旨在了解 W 公司品牌与利益相关者互动关系水平（关系质量）。为品牌关系质量的评价和管理提供依据。

本调查采用无记名形式，问卷答案也无对错之分，请您抽出宝贵时间，为我们提供真实信息，我们对您所填答的内容保密，在任何时候都不会公开企业和个人信息，并保证这些数据资料只用于学术性研究，敬请安心填答。

衷心感谢您的支持与合作！

问卷说明：

1. "品牌"可以分为产品品牌和企业品牌，在此指"企业品牌"，即"品牌是利益相关者对于组织及其产品和服务的认知总和"。

2. 本问卷是针对一般社会公众对企业品牌的认知、态度和行为的调查。

1. 对 W 公司品牌信任程度评分

P11. W 公司的产品和服务在社会上是很有知名度的吗？请根据您的理解打分，程度越高，得分越高，并在右边的"□"上画"√"。如果您不清楚或有其他情况，请选"无法选择"。

1　　2　　3　　4　　5　　6　　7　　　无法选择

□　　□　　□　　□　　□　　□　　□　　　□

P12. W 公司的产品和服务在社会上有很好的形象，获得公众的赞扬，是吗？请根据您的理解打分，程度越高，得分越高，并在右边的"□"上画"√"。如果您不清楚或有其他情况，请选"无法选择"。

1　　2　　3　　4　　5　　6　　7　　　无法选择

□　　□　　□　　□　　□　　□　　□　　　□

2. 对 W 公司品牌承诺程度评分

P21. 您是否觉得在向别人提及 W 公司的时候，会持有赞扬的态度？请根据您的理解打分，程度越高，得分越高，并在右边的"□"上画"√"。如果您不清楚或有其他情况，请选"无法选择"。

1　　2　　3　　4　　5　　6　　7　　　无法选择

□　　□　　□　　□　　□　　□　　□　　　□

P22. 如果您暂时还不是 W 公司的顾客，您是否准备购买"W"企业的产品和服务？请根据您的理解打分，程度越高，得分越高，并在右边的"□"上画"√"。如果您不清楚或有其他情况，请选"无法选择"。

1　　2　　3　　4　　5　　6　　7　　　无法选择

□　　□　　□　　□　　□　　□　　□　　　□

背景资料

1. 您的性别：

□男　　　　　　　　□女

2. 您的年龄：

□20 岁以下　　　　□20—29 岁　　　　□30—39 岁

□40—49 岁　　　　□50 岁及以上

3. 您家庭的月收入是：

□1000 元以下　　　□1001—3000 元　　□3001—5000 元

□5001—10000 元　　□10000 元以上

4. 您受教育程度：

□大专　　　　　　　□本科　　　　　　　□硕士

□博士　　　　　　　□其他

5. 您现在职业是：

□公务员　　　　　　□科教文卫人员　　　□企业管理者

□企业职员　　　　　□其他

本问卷到此结束，感谢您的填答！

问卷五　W 公司品牌关系股东调查问卷

填表日期：＿＿＿＿＿＿＿问卷编号：＿＿＿＿＿＿＿

各位朋友：

您好！我们正在进行一项学术性课题的调查工作，旨在了解 W 公司品牌与利益相关者互动关系水平（关系质量）。为品牌关系质量的评价和管理提供依据。

本调查采用无记名形式，问卷答案也无对错之分，请您抽出宝贵时间，为我们提供真实信息，我们对您所填答的内容保密，在任何时候都不会公开企业和个人信息，并保证这些数据资料只用于学术性研究，敬请安心填答。

衷心感谢您的支持与合作！

问卷说明：

1. "品牌"可以分为产品品牌和企业品牌，在此指"企业品牌"，即"品牌是利益相关者对于组织及其产品和服务的认知总和"。

2. 本问卷是针对股东对企业品牌的认知、态度和行为的调查。

1. 对 W 公司品牌满意程度评分

G11. 您在投资 W 公司（购买公司股票）中，是否达到预期的收益？请根据您的理解打分，程度越高，得分越高，并在右边的"□"上画"√"。如果您不清楚或有其他情况，请选"无法选择"。

1	2	3	4	5	6	7	无法选择
□	□	□	□	□	□	□	□

G12. 您对 W 公司的公司治理、内部管理以及未来发展能力很乐观吗？请根据您的理解打分，程度越高，得分越高，并在右边的"□"上画"√"。如果您不清楚或有其他情况，请选"无法选择"。

1	2	3	4	5	6	7	无法选择
□	□	□	□	□	□	□	□

2. 对 W 公司品牌承诺程度评分

G21. 您很愿意继续投资 W 公司，是吗？请根据您的理解打分，程度越高，得分越高，并在右边的"□"上画"√"。如果您不清楚或有其他情况，请选"无法选择"。

1	2	3	4	5	6	7	无法选择
□	□	□	□	□	□	□	□

G22. 如果您暂时还不是 W 公司的顾客，您是否准备购买"W"企业的产品和服务？请根据您的理解打分，程度越高，得分越高，并在右边的"□"上画"√"。如果您不清楚或有其他情况，请选"无法选择"。

1	2	3	4	5	6	7	无法选择
□	□	□	□	□	□	□	□

背景资料

1. 您的性别：

□男　　　　　　　□女

2. 您的年龄：

□20 岁以下　　　□20—29 岁　　　□30—39 岁

□40—49 岁　　　□50 岁及以上

3. 您家庭的月收入是：

□1000 元以下　　□1001—3000 元　　□3001—5000 元

□5001—10000 元　　□10000 元以上

4. 您受教育程度：

□大专　　　　　　□本科　　　　　　□硕士
□博士　　　　　　□其他

5. 您现在职业是：

□公务员　　　　　□科教文卫人员　　　□企业管理者
□企业职员　　　　□其他

本问卷到此结束，感谢您的填答！

问卷六　W公司品牌供应商调查问卷

填表日期：＿＿＿＿＿＿＿＿问卷编号：＿＿＿＿＿＿＿＿

各位朋友：

您好！

我们正在进行一项学术性课题的调查工作，旨在了解企业品牌与利益相关者互动关系水平（关系质量）。为品牌关系质量的评价和管理提供依据。

本调查采用无记名形式，问卷答案也无对错之分，请您抽出宝贵时间，为我们提供真实信息，我们对您所填答的内容保密，在任何时候都不会公开企业和个人信息，并保证这些数据资料只用于学术性研究，敬请安心填答。

衷心感谢您的支持与合作！

问卷说明：

1. "品牌"可以分为产品品牌和企业品牌，在此指"企业品牌"，即"品牌是利益相关者对于组织及其产品和服务的认知总和"。

2. 本问卷是针对W公司的供应商对企业品牌的认知、态度和行为调查。

1. 为您对W公司品牌评分——满意程度

S11. 您认为W公司的企业生产状态良好，对供应品需求稳定，需求量较大吗？请根据您的理解打分，程度越高，得分越高，并在右边的"□"上画"√"。如果您不清楚或有其他情况，请选"无法选择"。

1　　2　　3　　4　　5　　6　　7　　　无法选择

☐　　☐　　☐　　☐　　☐　　☐　　☐　　☐

S12. W 公司与您沟通、合作中态度和行为是令您满意的吗？请根据您的理解打分，程度越高，得分越高，并在右边的"☐"上画"√"。如果您不清楚或有其他情况，请选"无法选择"。

　　　　1　　2　　3　　4　　5　　6　　7　　无法选择
　　　☐　　☐　　☐　　☐　　☐　　☐　　☐　　☐

2. 为您对 W 公司评分——承诺和依赖程度

S21. 您愿意继续与 W 公司合作与沟通吗？请根据您的理解打分，程度越高，得分越高，并在右边的"☐"上画"√"。如果您不清楚或有其他情况，请选"无法选择"。

　　　　1　　2　　3　　4　　5　　6　　7　　无法选择
　　　☐　　☐　　☐　　☐　　☐　　☐　　☐　　☐

S22. 您在以后的时间里，仍然很愿意将继续销售产品给 W 公司，而不会转移到其他客户企业？请根据您的理解打分，程度越高，得分越高，并在右边的"☐"上画"√"。如果您不清楚或有其他情况，请选"无法选择"。

　　　　1　　2　　3　　4　　5　　6　　7　　无法选择
　　　☐　　☐　　☐　　☐　　☐　　☐　　☐　　☐

S23. 无论是否想与 W 公司合作，也很少有其他选择，因此对 W 公司有一定的依赖性，是吗？请根据您的理解打分，程度越高，得分越高，并在右边的"☐"上画"√"。如果您不清楚或有其他情况，请选"无法选择"。

　　　　1　　2　　3　　4　　5　　6　　7　　无法选择
　　　☐　　☐　　☐　　☐　　☐　　☐　　☐　　☐

背景资料

1. 您的性别：

☐男　　　　　　　　☐女

2. 您的年龄：

☐20—29 岁　　　　　☐30—39 岁

☐40—49 岁　　　　　☐50 岁及以上

3. 您在企业工作的时间：

□1 年以内　　　　□1—5 年　　　　　　□6—10 年

□11—20 年　　　□20 年以上

4. 您在本企业担任的职务是：

□一般员工　　　　□基层管理者

□中层管理者　　　□高层管理者

5. 您现在工作的企业性质是：

□国有独资企业或控股企业　　　　　□股份制企业

□民营企业　　　　　　　　　　　　□外资企业

6. 与同行业企业相比，您现在工作的企业规模属于：

□大型企业　　　　□中型企业　　　　□小型企业

7. 您受教育程度：

□大专　　　　　　□本科　　　　　　□硕士

□博士　　　　　　□其他

本问卷到此结束，感谢您的填答!

参考文献

一　中文部分

1. ［苏］П. А. 拉契科夫：《社会关系：一般理论问题》，王中宪等译，东方出版社 1991 年版。

2. 何友晖、彭泗清：《方法论的关系论及其在中西文化中的应用》，《社会学研究》1998 年第 5 期。

3. 杨国枢：《中国人的心理与行为：本土化研究》，中国人民大学出版社 2004 年版。

4. 宝贡敏、史江涛：《中国文化背景下的"关系"研究述评》，《心理科学》2008 年第 4 期。

5. 庄贵军、席酉民：《关系营销在中国的文化基础》，《管理世界》2003 年第 10 期。

6. 罗家德：《NQ 风暴：关系管理的智慧》，社会科学文献出版社 2002 年版。

7. 卢泰宏、周志民：《基于品牌关系的品牌理论：研究模型及展望》，《商业经济与管理》2003 年第 2 期。

8. 王兴元：《品牌生态学科发展趋势及其应用》，《企业经济》2014 年第 7 期。

9. 张燚、张锐：《品牌生态管理：21 世纪品牌管理的新趋势》，《财贸研究》2003 年第 2 期。

10. 马永生：《品牌关系管理——营销理论的新发展》，《财经研究》2001 年第 12 期。

11. 费明胜：《营销管理理论的演变与发展——基于菲利普·科特勒〈营销管理〉中文各版本的比较研究》，《经济管理》2006 年第 20 期。

12. ［美］阿奇·B. 卡罗尔、安·K. 巴克霍尔茨：《企业与社会：伦理与利益相关者管理》，黄煜平等译，机械工业出版社 2004 年版。

13. 沈洪涛：《公司社会责任与公司财务业绩关系研究——基于相关利益者理论的分析》，博士学位论文，厦门大学，2005 年。

14. ［美］科特勒、凯勒：《营销管理》，王永贵等译，格致出版社 2009 年版。

15. 张广玲、吴文娟：《关系质量评估的研究范畴、方法与展望》，《武汉大学学报》（哲学社会科学版）2005 年第 6 期。

16. 张燚、刘进平、张锐：《国外品牌关系模型的演化发展及趋势》，《企业经济》2008 年第 4 期。

17. 周志民：《品牌关系指数模型研究》，博士学位论文，中山大学，2003 年。

18. 周志民：《品牌关系三维结构的实证研究》，《深圳大学学报》（人文社会科学版）2004 年第 9 期。

19. 周志民、卢泰宏：《广义品牌关系结构研究》，《中国工业经济》2004 年第 11 期。

20. 周志民：《品牌关系指数模型研究：一个量表开发的视角》，载《中国营销科学学术年会论文集》，2005 年 11 月。

21. 何佳讯：《品牌关系质量本土化模型的建立与验证》，《华东师范大学学报》（哲学社会科学版）2006 年第 3 期。

22. 何佳讯、卢泰宏：《中国文化背景中的顾客—品牌关系：理论建构与实证研究》，《商业经济与管理》2007 年第 11 期。

23. 何佳讯：《中外企业的品牌资产差异及管理建议——基于 CBRQ 量表的实证研究》，《中国工业经济》2006 年第 8 期。

24. 刘人怀、姚作为：《关系质量研究述评》，《外国经济与管理》2005 年第 1 期。

25. 武志伟、陈莹：《企业间关系质量的测度与绩效分析——基于近关系理论的研究》，《预测》2007 年第 2 期。

26. 贾生华、陈宏辉：《利益相关者的界定方法述评》，《外国经济与管理》2002 年第 5 期。

27. ［美］R. 爱德华·弗里曼：《战略管理——利益相关者方法》，王彦华等译，上海译文出版社 2006 年版。

28. 王身余：《从"影响"、"参与"到"共同治理"——利益相关者理论发展的历史跨越》，《湘潭大学学报》（哲学社会科学版）2008 年第

11 期。

29. 王新新：《新竞争力：品牌产权及品牌成长方式》，长春出版社 2000 年版。

30. 姚作为：《关系质量的关键维度——研究述评与模型整合》，《科技管理研究》2005 年第 8 期。

31. 叶明海：《品牌发展和品牌价值评估的研究》，博士学位论文，同济大学，2001 年。

32. 于春玲、赵平：《品牌资产及其测量中的概念解析》，《南开管理评论》2003 年第 1 期。

33. 张红明：《品牌人格化——品牌价值实证研究》，华中科技大学出版社 2007 年版。

34. ［美］凯文·莱恩·凯勒：《战略品牌管理》，李乃和等译，中国人民大学出版社 2001 年版。

35. ［美］凯文·莱恩·凯勒：《战略品牌管理》，卢泰宏、吴水龙译，中国人民大学出版社 2009 年版。

36. 卢泰宏、吴水龙等：《品牌理论里程碑探析》，《外国经济与管理》2009 年第 1 期。

37. 徐忠爱：《从组织理论到契约经济学文献综述》，《产业经济评论》2009 年第 12 期。

38. 范和生：《现代社会学》上册，安徽大学出版社 2005 年版。

39. ［美］E. 尤哈拉：《社会交换，社会网络和团结》，张文宏译，《国外社会科学文摘》1991 年第 8 期。

40. 徐琦：《"社会网"理论述评》，《社会》2000 年第 8 期。

41. ［美］林南：《社会资本——关于社会结构与行动的理论》，张磊译，上海人民出版社 2005 年版。

42. ［美］托马斯·邓菲：《有约束力的关系：对企业伦理学的一种社会契约论的研究》，赵月瑟译，上海社会科学出版社 2001 年版。

43. ［美］康芒斯：《制度经济学》，于树生译，商务印书馆 1962 年版。

44. 谢识予：《经济博弈论》第二版，复旦大学出版社 2002 年版。

45. 卢泰宏：《营销管理演进综述》，《外国经济与管理》2008 年第 1 期。

46. 费显政：《资源依赖学派之组织与环境关系理论评介》，《武汉大学学报》（哲学社会科学版）2005 年第 7 期。

47. ［美］丹尼尔·A.雷恩：《管理思想的演变》，李柱流等译，中国社会科学出版社 1997 年版。

48. 赵锡斌：《企业环境研究的几个基本理论问题》，《武汉大学学报》（哲学社会科学版）2004 年第 1 期。

49. 卢山冰：《公共关系理论发展百年综述》，《西北大学学报》（哲学社会科学版）2003 年第 5 期。

50. 张燚、刘进平、张锐：《利益相关者视角下的品牌关系模式研究》，《企业经济》2008 年第 10 期。

51. 许小虎、项保华：《企业网络理论发展脉络与研究内容综述》，《科研管理》2006 年第 1 期。

52. 刘东：《回应企业网络对经济学的挑战》，《南京社会科学》2003 年第 1 期。

53. 上海证券交易研究中心：《中国公司治理报告：利益相关者与公司社会责任》，复旦大学出版社 2007 年版。

54. ［美］韦斯：《商业伦理：利益相关者分析与问题管理方法》，符彩霞译，中国人民大学出版社 2005 年版。

55. 田虹：《从利益相关者视角看企业社会责任》，《管理现代化》2006 年第 1 期。

56. 陈加洲、凌文辁、方俐洛：《组织中的心理契约》，《管理科学学报》2001 年第 4 期。

57. 游士兵、黄静、熊巍：《品牌关系中顾客心理契约的感知与测度》，《经济管理》2007 年第 22 期。

58. 贺爱忠、李钰：《论品牌关系生命周期中顾客品牌信任与心理契约的建立》，《商业研究》2008 年第 11 期。

59. 余可发：《顾客—品牌关系的维系：基于心理契约的研究》，《当代财经》2009 年第 4 期。

60. ［美］科斯、诺恩、威廉姆森：《制度、契约与组织——从新制度经济学角度的透视》，刘刚等译，经济科学出版社 2003 年版。

61. 陈宏辉：《企业的利益相关者理论与实证研究》，博士学位论文，浙江大学，2003 年。

62. 陈宏辉、贾生华：《企业利益相关者三维分类的实证分析》，《经济研究》2004 年第 4 期。

63. 邓汉慧:《企业核心利益相关者利益要求与利益取向研究》,博士学位论文,华中科技大学,2005 年。

64. 居延安、胡明耀:《关系管理学》,复旦大学出版社 2006 年版。

65. 居延安:《关系管理》,上海人民出版社 2003 年版。

66. 陈英毅:《企业间营销关系:关系互动和价值》,上海财经大学出版社 2006 年版。

67. 郭齐胜、杨秀月、王杏林等:《系统建模》,国防工业出版社 2006 年版。

68. 刘勇:《品牌延伸的评价模型及决策研究》,上海财经大学出版社 2007 年版。

69. 刘新宪、朱道立:《选择与判断——AHP(层次分析法)决策》,上海科学普及出版社 1990 年版。

70. 王莲芬、许树柏:《层次分析法引论》,中国人民大学出版社 1990 年版。

71. 张炳江:《层次分析法及其应用案例》,电子工业出版社 2014 年版。

72. 裴晓东、赵平:《品牌忠诚度及其测评研究》,《现代财经》(天津财经大学院学报)2002 年第 10 期。

73. 王兴元、孙国翠:《品牌忠诚度测度及策略导向模型》,《经济管理·新管理》2005 年第 2 期。

74. 吴继红:《基于社会交换理论的双向视角员工—组织关系研究》,博士学位论文,四川大学,2006 年。

75. 喻金田、窦泽文、阳攀登等:《企业形象的模糊评价》,《科技进步与对策》2004 年第 11 期。

76. 陶晓红:《品牌文化是品牌力的重要依托》,《管理现代化》2003 年第 2 期。

77. 薛可、余明阳:《论公共关系形象评估指标体系》,《国际新闻界》2007 年第 12 期。

78. [美]彼得·圣吉:《第五项修炼:学习型组织的艺术与实务》,上海三联书店 1998 年版。

79. [美]彼得·德鲁克:《管理的实践》,帅鹏等译,中国工人出版社 1989 年版。

80. [美]汤姆·邓肯、桑德拉·莫里亚蒂:《品牌至尊》,廖宜怡译,华夏出版社 2000 年版。

81. 刘军：《社会网络模型研究论析》，《社会学研究》2004 年第 1 期。

82. 张存刚、李明、陆德梅：《社会网络分析——一种重要的社会学研究方法》，《甘肃社会科学》2004 年第 2 期。

83. 张闯：《管理学研究中的社会网络范式：基于研究方法视角的 12 个管理学顶级期刊（2001—2010）文献研究》，《管理世界》2011 年第 7 期。

84. 徐伟、陈光辉、曾玉等：《关系研究的新取向：社会网络分析》，《心理科学》2011 年第 2 期。

85. 罗家德：《社会网络研究的架构——以组织理论与管理研究为例》，《社会》2008 年第 6 期。

86. 刘军：《社会网络分析导论》，社会科学文献出版社 2004 年版。

87. ［美］约翰·斯科特：《社会网络分析方法》，刘军译，重庆大学出版社 2007 年版。

88. 彭澎：《基于社会网络视角的高技术企业集群式成长机制研究》，博士学位论文，吉林大学，2007 年。

89. ［美］诺克、杨松：《社会网络分析》，李兰译，格致出版社 2012 年版。

90. ［荷］诺伊：《社会网络分析技术》，林枫译，世界图书出版公司 2012 年版。

91. 汪小帆、李翔、陈关荣：《复杂网络理论及应用》，清华大学出版社 2006 年版。

92. 陈天平、卢文联：《复杂网络协调性理论》，高等教育出版社 2013 年版。

93. 王庆国、蔡淑琴、喻友平：《企业客户关系生命周期六阶段模型》，《统计与决策》2006 年第 16 期。

94. 郭斌、陈劲、许庆瑞：《界面管理：企业创新管理的新趋向》，《科学学研究》1998 年第 1 期。

95. 沈祖安、赵愚：《企业管理过程中的界面管理》，《科技进步与对策》2002 年第 9 期。

96. 喻红阳、袁付礼、李海婴：《相互关系的黏合剂——网络组织界面管理》，《价值工程》2005 年第 4 期。

97. 朱顺林、徐金发：《企业网络界面机制及其管理的探析》，《技术经济》2007 年第 1 期。

98. ［美］阿尔温·托夫勒：《未来的冲击》，孟广均等译，中国对外翻译出版公司 1985 年版。

99. ［美］伯恩德·H. 施密特：《体验式营销》，张愉等译，中国三峡出版社 2001 年版。

100. ［美］唐·舒尔茨、海蒂·舒尔茨：《唐·舒尔茨论品牌》，高增安等译，人民邮电出版社 2005 年版。

101. 郑杭生：《社会学概论新修》，中国人民大学出版社 2013 年版。

102. 侯立松：《相关者视角下的品牌关系生命周期管理》，《企业经济》2010 年第 7 期。

103. 侯立松：《品牌管理的实质——利益相关者关系管理》，《求索》2010 年第 4 期。

104. 张燚、张锐、刘进平：《品牌价值来源及其理论评析》，《预测》2010 年第 5 期

105. 张锐、张燚、周敏：《一个实验的操作性品牌定义及全面品牌管理模型分析》，《管理学报》2010 年第 9 期。

106. 张锐、张燚、周敏：《论品牌的内涵与外延》，《管理学报》2010 年第 1 期。

107. 张燚、张锐：《论生态型品牌关系的框架建构》，《管理评论》2005 年第 1 期。

108. 张锐、张燚：《品牌生态系统化的结构分析》，《科技进步与对策》2006 年第 10 期。

109. 张燚、刘进平、张锐、高伟：《企业文化、价值承诺与企业绩效的相关性研究——来自沪市上市公司的经验证据》，《中国矿业大学学报》（社会科学版）2014 年第 4 期。

110. 侯立松、张燚：《品牌关系质量的评价方法与维度研究——兼论品牌评价方法的演进》，《兰州学刊》2014 年第 10 期。

111. 张燚、刘进平、张锐、侯立松：《企业文化、价值承诺与品牌成长的路径和机制研究》，《管理学报》2013 年第 4 期。

112. 侯立松、叶楠、张燚：《社会网络视角的品牌关系分析、测量与管理》，《企业经济》2015 年第 7 期。

113. 侯立松、刘永新、张燚：《品牌与利益相关者的互动机理和互动模式研究》，《云南财经大学学报》2014 年第 6 期。

二 英文部分

1. Scott Allen，Jay T. Deragon，Margaret G. Orem and Carter F. Smith，*The Emergence of the Relationship Economy*：*The New Order of Things to Come*，Silicon Valley：Happy About，2008.

2. David Nour，*Relationship Economics*：*Transform Your Most Valuable Business Contacts into Personal and Professional Success*，Hoboken：John Wiley & Sons，Inc.，2008.

3. Chen，M. - J.，*Inside Chinese Business*：*A Guide for Managers Worldwide*，Boston：Harvard Business School Press，2001.

4. Farh，J. L.，Tsui，A. S.，Xin，K. R. and Cheng，B. S.，"The Influence of Relational Demography and Guanxi：The Chinese Case"，*Organization Science*，Vol. 9，No. 4，1998.

5. Ho，Park Seung and Luo，Ya – dong，Guanxi and Organizational Dynamics：Organizational Networking in Chinese Firms，*Strategic Management Journal*，Vol. 22，No. 5，2001.

6. Lee，D.，Y. Dawes and P. L. Guanxi，"Trust，and Long – Term Orientation in Chinese Business Markets"，*Journal of International Marketing*，Vol. 13，No. 2，2005.

7. Hackley，Carol Ann and Dong，Qingwen，"American Public Relations Networking Encounters China's Guanxi"，*Public Relations Quarterly*，Vol. 46，No. 2，2001.

8. Wong，Y. H.，Thomas，K. and P. Leung，*Guanxi*：*Relationship Marketing in a Chinese Context*，New York：The Haworth Press，2001.

9. Leung，T. K.，Lai，K. H.，Chan，R. Y. and Wong，Y. H.，"The roles of xinyong and guanxi in Chinese relationship marketing"，*European Journal of Marketing*，Vol. 39，No. 5/6，2005.

10. Palmatier，R. W.，Dant，R. P.，Grewal，D. and Evans，K. R.，"Factors Influencing the Effectiveness of Relationship Marketing：A Meta – Analysis"，*Journal of Marketing*，Vol. 70，No. 4，2006.

11. Rauyruen，P. and Miller，K.，"Relationship Quality as a Predictor of B2B

Customer Loyalty", *Journal of Business Research*, Vol. 60, No. 1, 2007.

12. Max Blackston, "Observations: Building Equity by Managing the Brand's Relationships", *Journal of Advertising Research*, Vol. 5, No. 6, 1992.

13. Susan Fournier, A Consumer Brand Relationship Framework for Strategic Brand Management, Ph. D. dissertation, University of Florida, 1994.

14. Tom Duncan and Sandra Moriarty, *Driving Brand Value: Using Integrated Marketing to Manage Profitable Stakeholder Relationships*, New York: McGraw – Hill, 1997.

15. Richard Jones, "Finding Sources of Brand Value: Developing a Stakeholder Model of Brand Equity", *Brand Management*, Vol. 13, No. 1, 2005.

16. Gyrd – Jones, R. I. Kornum, N. , "Managing the Co – created Brand: Value and Cultural Complementarity in Online and Offline Multi – Stakeholder Eco-systems", *Journal of Business Research*, Vol. 66, No. 9, 2013.

17. Davidson Hugh, *The Committed Enterprise: How to Make Vision and Values Work*, 2nd edition, Oxford: Butterworth – Heinemann, 2004.

18. Allen Z. Reich, The Influence of Consumer and Brand Social Responsibility on Brand Loyalty in Quick – Service Restaurants, Ph. D. dissertation, Virginia Polytechnic Institute and State University, 2002.

19. Philip Kotler, Dipak Jain and Suvit Maesincee, *Marketing Moves: A New Approach to Profits, Growth, and Renewal*, Cambridge: Harvard Business School Publishing, 2002.

20. John Foley, Julie Kendrick and Julie Kendrick, *Balanced Brand: How to Balance the Stakeholder Forces That Can Make or Break Your Business*, San Francisco: Jossey – Bass, 2006.

21. John P. Kotter and James L. Hesket, *Corporate Culture and Performance*, New York: Free Press, 1992.

22. Martin Christopher, Adrian Payne and David Ballantyne, *Relationship Marketing: Creating Stakeholder Value*, 2nd edition, Oxford: Butterworth – Heinemann, 2002.

23. Kotler, P. and Keller, K. L. , *Marketing Management*, 14th edition, Boston: Pearson Prentice Hall, 2012.

24. Philip Kotler and Kevin Keller, *Marketing Management*, *Millenium Edi-*

tion, Upper Saddle River: Pearson Prentice Hall, 2000.

25. Philip Kotler, Cary Armstrong, John Saunders and Veronica Wong, *Marketing Management*, *Second European Edition*, Upper Saddle River: Pearson Prentice Hall, 1999.

26. Max Blackston, "The Qualitative Dimension of Brand Equity", *Journal of Advertising Research*, Vol. 35, No. 4, 1995.

27. Max Blackston, "Observations: Building Brand Equity by Managing the Brand's Relationships", *Journal of Advertising Research*, Vol. 40, No. 6, 2000.

28. Don Peppers and Martha Rogers, *The One to One Future: Building Relationships One Customer at a Time*, New York: Currency Doubleday, 1993.

29. Susan Fournier, "Consumers and Their Brands: Developing Relationship Theory in Consumer Research", *Journal of Consumer Research*, Vol. 24, No. 3, 1998.

30. Susan Fournier and Claudio Alvarez, "Brands as Relationship Partners: Warmth, Competence, and In – Between", *Journal of Consumer Psychology*, Vol. 22, No. 2, 2012.

31. Albert M. Muniz, Jr. and Thomas C. OGuinn, "Brand Community", *Journal of Consumer Research*, Vol. 27, No. 4, 2001.

32. McAlexander, James H., John W. Schouten and Harold F. Koening, "Building Brand Community", *Journal of Marketing*, Vol. 66, No. 1, 2002.

33. Webster, F., "Understanding the Relationships among Brand Consumers and Resellers", *Journal of the Academy of Marketing Science*, Vol. 28, No. 1, 2000.

34. Mosad Zineldin, "Total Relationship Management (TRM) and Total Quality Management (TQM)", *Managerial Auditing Journal*, Vol. 15, No. 1/2, 2000.

35. Crosby, Lawrence A. and Nancy Stephens, "Effects of Relationship Marketing on Satisfaction, Retention and Prices in the Life Insurance Industry", *Journal of Marketing Research*, Vol. 24, No. 4, 1987.

36. Jong – Won Park, Kyeong – Heui Kim and Jung Keun Kim, "Acceptance of Brand Extensions: Interactive Influences of Product Category Similarity, Typicality of Claimed Benefits, and Brand Relationship Quality", *Ad-*

vances in Consumer Research, Vol. 29, No. 1, 2002.

37. Edith Smit, Fred Bronner and Maarten Tolboom, "Brand Relationship Quality and Its Value for Personal Contact", *Journal of Business Research*, Vol. 60, No. 6, 2007.

38. Ronika Chakrabarti, Pierre Berthon and Richard T. Watson et al., "Quality Management in Business Relationships: The Role of Brands in an Open Source Environment", *Total Quality Management & Business Excellence*, Vol. 18, No. 8, 2007.

39. Crosby, L. A. et al., "Relationship Quality in Services Selling: An Interpersonal Influence Perspective", *Journal of Marketing*, Vol. 54, No. 3, 1990.

40. Mohr, J. and Spekman, R., "Characteristics of Partnership Success: Partnership Attributes, Communication Behavior, and Conflict Resolution Techniques", *Strategic Management Journal*, Vol. 15, No. 2, 1994.

41. Kumar, Nirmalya, Scheer, Lisa K. Steenkamp Jan – Benedict, E. M., "The Effects of Perceived Interdependence on Dealer Attitudes", *Journal of Marketing Research*, Vol. 32, No. 8, 1995.

42. Hennig – Thurau, Thorsten and Klee, Alexander, "The Impact of Customer Satisfaction and Relationship Quality on Customer Retention: A Critical Reassessment and Model Development", *Psychology & Marketing*, Vol. 14, No. 10, 1997.

43. Ellen Garbarino and Mark S. Johnson, "The Different Roles of Satisfaction, Trust, and Commitment in Customer Relationships", *Journal of Marketing*, Vol. 63, No. 2, 1999.

44. Maria Holmlund, "The D&D Model – Dimensions and Domains of Relationship Quality Perceptions", *Service Industries Journal*, Vol. 21, No. 3, 2001.

45. Kim, Hyun Kyung, Moonkyu Lee, Yoon Won Lee, Young – Won Ha and Youjae Yi, "Developing a Scale for Measuring Brand Relationship Quality", *Asia Pacific Advances in Consumer Research*, Vol. 6, No. 1, 2005.

46. Cleopatra Veloutsou, "Identifying the Dimensions of the Product – Brand and Consumer Relationship", *Journal of Marketing Management*, Vol. 23, No. 1/2, 2007.

47. R. Edward Freeman, Jeffrey S. Harrison and Andrew C. Wicks, *Managing for Stakeholders: Survival, Reputation, and Success*, New Haven & London: Yale University Press, 2007.

48. R. Edward Freeman, *Strategic Management: A Stakeholder Approach*, Boston: Pitman Publishing Company, 1984.

49. Clarkson, M. , "A Stakeholder Framework for Analyzing and Evaluating Corporate Social Performance", *Academy of Management Review*, Vol. 20, No. 1, 1995.

50. Margaret M. Blair, *Ownership and control: Rethinking Corporate Governance for the Twenty – first Century*, Washington D. C. : The Brooking Institution, 1995.

51. Donaldson, Thomas and Preston, Lee E. , "The Stakeholder Theory of the Corporation: Concepts, Evidence, and Implications", *Academy of Management Review*, Vol. 20, No. 1, 1995.

52. Donaldson, T. and Dunfee, T, W. , "Invegrative Social Contracts Theory: A Communitarian Conception of Economic Ethics", *Economics and Philosophy*, Vol. 11, No. 1, 1995.

53. Mitchell, R. K. , A. R. Agle and J. Wood, "Toward a Theory of Stakeholder Identification and Salience: Defining the Principle of Who and What Really Counts", *Academy of Management Review*, Vol. 22, No. 4, 1997.

54. A. A. Elias, R. Y. Cavana and L. S. Jackson, "Linking Stakeholder Literature and System Dynamics: Opportunities for Research", Proceedings of the international conference on systems thinking in management, Geelong, Australia, January, 2000.

55. Fiona Stewart, " 'Taking Care' of Brand Needs a Broader Outlook", *Marketing (UK)*, Vol. 8, No. 1, 2002.

56. Schultz, Don E. , "The Marginalized Brand", *Marketing Management*, Vol. 13, No. 6, 2004.

57. Catharina Gylling and Kirsti Lindberg – Repo, "Investigating the Links between a Corporate Brand and a Customer Brand", *Brand Management*, Vol. 13, No. 4/5, 2006.

58. Leslie de Chernatony, *From Brand Vision to Brand Evaluation: The Strate-*

gic Process of Growing and Strengthening Brands, 2 edition, Oxford: Butterworth – Heinemann, 2006.

59. David A. Aaker, *Managing Brand Equity: Capitalizing on the Value of a Brand Name*, New York: The Free Press, 1991.

60. Lynn B. Upshaw, *Building Brand Identity: A Strategy for Success in a Hostile Marketplace*, 1 edition, New York: Wiley, 1995.

61. Wellman Barry, *Structural Analysis: From Method and Metaphor to Theory and Substance*, *Social Structures: A Network Approach*, Cambridge: Cambridge University Press, 1988.

62. Denise M. Rousseau, "New Hire Percept ions of Their Own and Their Employer's Obligations: A Study of Psychological Contract", *Journal of Organizational Behavior*, Vol. 11, No. 5, 1990.

63. Clarkson, M. , "A Risk Based Model of Stakeholder Theory", Proceedings of the Second Toronto Conference on Stakeholder Theory, Centre for Corporate Social Performance & Ethics University of Toronto, 1994.

64. Adam J. Marquardt, "Relationship Quality as a Resource to Build Industrial Brand Equity when Products are Uncertain and Future – based", *Industrial Marketing Management*, Vol. 42, No. 8, 2013.

65. G. T. Savage, T. W. Nix, C. J. Whitehead and J. D. Blair, "Strategies for Assessing and Managing Organizational Stakeholder Assessment", *Academy of Management Executive*, Vol. 5, No. 2, 1991.

66. Ansoff, H. Igor, *Corporate Strategy: An Analytic Approach to Business Policy for Growth and Expansion*, New York, McGraw – Hill, 1965.

67. Drucker, Peter F. , *Management: Tasks, Responsibilities, Practices*, New York: Harper & Row, 1974.

68. Ann Svendsen, *The Stakeholder Strategy: Profiting from Collaborative Business Relationships*, San Francisco: Berrett Koehler, 1998.

69. Walfried M. Lassar, "Control Systems in Supplierretailer Relationships and Their Impact on Brand Performance", *Journal of Retailing and Consumer Service*, Vol. 5, No. 3, 1998.

70. Hakansson, H. and Snehota, I. , *Developing Relationships in Business Networks*, London: Routledge Press, 1995.

71. Robert Axelrod, *The Evolution of Cooperation*, New York: Basic Books, 1984.

72. Evert Gummesson, "Relationship Marketing and a New Economy: It's Time for De – Programming", *Journal of Services Marketing*, Vol. 16, No. 7, 2002.

73. Miller, D. and Merrilees, B. , "Rebuilding Community Corporate Brands: A Total Stakeholder Involvement Approach", *Journal of Business Research*, Vol. 66, No. 2, 2013.

74. Dwyer F. Robert, Schurr, Paul H. and Oh, Sejo, "Developing Buyer – Seller Relationships", *Journal of Marketing*, Vol. 51, No. 2, 1987.

75. Huber, Margit and O'Gorman, Susanne, *From Customer Retention to a Holistic Stakeholder Management System*, Berlin: Springer, 2008.

76. Evert Gummesson, *Total Relationship Marketing*, Oxford: Butterworth – Heinemann, 2002.

77. Emirbayer, Mustafa and Goodwin, Jeff, "Network Analysis, Culture, and the Problem of Agency", *American Journal of Sociology*, Vol. 99, No. 6, 1994.

78. Dimitriadis, Sergios and Papista, Erifili, "Linking Consumer – brand Identification to Relationship Quality: An Integrated Framework", *Journal of Customer Behaviour*, Vol. 10, No. 3, 2011.

79. Levinger, G. , "Development and Change", *Close Relationships*, San Francisco: Freeman, 1983: 315 – 359.

80. Richard Cross, "The Five Degrees of Customer Bonding", *Direct Marketing*, Vol. 55, No. 6, 1992.

81. Chen, Ching – Fu and Myagmarsuren, Odonchimeg, "Brand Equity, Relationship Quality, Relationship Value, and Customer Loyalty: Evidence from the Telecommunications Services", *Total Quality Management and Business Excellence*, Vol. 22, No. 9, 2011.

82. Dyson, P. , Farr, A. and Hollis, N. S. , "Understanding, Measuring and Using Brand Equity", *Journal of Advertising Research*, Vol. 36, No. 6, 1996.

83. W. E. Souder and A. K. Chakrabarti, "The R&D/Marketing Interface: Results From an Empirical Study of Innovation Projects", *IEEE Transactions on Engineering Management*, Vol. 25, No. 11, 1978.

84. Pine, B. J. and Giimore, J. N., "Welcome to the Experience Economy", *Harvard Business Review*, Vol. 76, No. 4, 1998.

85. Hee Jung Lee and Myung Soo Kang, "The Effect of Brand Experience on Brand Relationship Quality", *Academy of Marketing Studies Journal*, Vol. 16, No. 1, 2012.

86. Pentina, Iryna, Gammoh, Bashar S., Zhang, Lixuan, Mallin and Michael, "Drivers and Outcomes of Brand Relationship Quality in the Context of Online Social Networks", *International Journal of Electronic Commerce*, Vol. 17, No. 3, 2013.

87. Bernd H. Schmitt and David L. Rogers, *Handbook on Brand and Experience Management*, Cheltenham: Edward Elgar Publishing Limited, 2008.

88. Ghantous, Nabil, "The Impact of Services Brand Personality on Consumer-Brand Relationship Quality", *Services Marketing Quarterly*, Vol. 37, No. 3, 2016.

89. Davis, Scott M. and Michael Dunn, *Building the Brand – Driven Business*, San Francisco, CA: Jossey – Bass, 2002.

90. Richard Cross and Janet Smith, "The Customer Value Chain", *Marketing Tools*, Vol. 4, No. 1, 1997.

91. Svendsen, A. C., Boutilier, R. G. and Wheeler, D., *Stakeholder Relationships, Social Capital and Business Value Creation*, Toronto, Ontario: Canadian Institute of Chartered Accountants, 2003.

92. Don Schultz and Heidi Schultz, *IMC, The Next Generation: Five Steps for Delivering Value and Measuring Financial Returns*, 2 edition, New York: McGraw – Hill, 2004.

93. Larraine Sigil, *Measuring the Value of Partnering: How to Use Metrics to Plan, Develop, and Implement Successful Alliances*, New York: Amacom, 2004.

94. Adam J. Marquardt, "Relationship Quality as a Resource to Build Industrial Brand Equity When Products are Uncertain and Future – based", *Industrial Marketing Management*, Vol. 42, No. 8, 2013.

95. Archie B. Carroll and Ann Buchholtz, *Business and Society: Ethics and Stakeholder Management*, 7th edition, Boston: South – Western Cengage Learning, 2009.